深度沟通

黄开◎编著

中国纺织出版社有限公司

内 容 提 要

谈话无法进行、问题出现、人与人之间关系破裂，其实都是一次次失败沟通的积累，而这个源头，其实正是因为我们自己，找到关键原因，才能追本溯源，治标治本。

本书围绕“深度沟通”这一角度，深度剖析了沟通的本质，为我们破除沟通的错误认知，教会我们如何在沟通中突破陌生、塑造认同感，进而帮助我们快速掌控沟通、轻松掌握在各种场景下的沟通技巧，帮我们达成所愿。

图书在版编目（CIP）数据

深度沟通 / 黄开编著.--北京：中国纺织出版社有限公司，2020.8

ISBN 978-7-5180-7262-0

Ⅰ.①深… Ⅱ.①黄… Ⅲ.①心理交往—通俗读物 Ⅳ.①C912.11-49

中国版本图书馆CIP数据核字（2020）第051693号

责任编辑：江 飞　　　责任印制：储志伟

中国纺织出版社有限公司出版发行

地址：北京市朝阳区百子湾东里A407号楼　邮政编码：100124

销售电话：010—67004422　传真：010—87155801

E-mail：faxing@c-textilep.com

中国纺织出版社天猫旗舰店

官方微博http：//weibo.com/2119887771

三河市宏盛印务有限公司印刷　各地新华书店经销

2020年8月第1版第1次印刷

开本：880×1230　1/32　印张：7

字数：163千字　定价：39.80元

前言

社交生活中，你是不是曾有以下这些苦恼：求人帮忙却碍于面子说不出口？向上司汇报工作却说不清楚？与他人侃侃而谈却说不到重点？本想帮助他人却遭到误解？让客户介绍体验各种产品，客户却甩袖而去？……“说不出口、说不清楚、说不到重点、说了后悔”困扰了很多人，造成这些结果的原因，并不是因为你做的不够，而是因为你不懂沟通，没有挖掘出沟通的本质，没有找到沟通的技巧。

为此，我们提出了“深度沟通”的概念，所谓“深度沟通”，指的是一种先通过迅速化解陌生感的初探，再通过沟通技巧、文化意识、倾听、反馈等技能，建立深层次的沟通认同感，进而掌控沟通、达成沟通目的的法则。

的确，我们都想在沟通中让自己说出的话产生积极的效用，而要想达成这一目的，我们就不能一味地侃侃而谈，而要先做准备，不打无准备之战。善于说话的人不一定说得很多，但是，他说过的每一句话都能够恰到好处。而之所以那些善说者能将话说到点子上，还在于他具备丰富的沟通理论知识与实践方法，说出对方想听的，了解对方的顾虑等，这样，我们就找到了与他人进行良好沟通的钥匙。

本书围绕“深度沟通”展开，揭开了沟通的本质，并且带领我们根据不同场合分析和探索沟通技巧。懂点深度沟通的方法，可以使你摆脱无所适从的困惑，让你无论是在与陌生人的交往中，还是在职场中，或是在商业销售与谈判中，都能够游刃有余、畅通无阻。

本书除了讲解各种原理和方法外，还引用了丰富的案例，这些案例能够打开你的思维，有很好的借鉴作用，同时，也便于你理解本书中提到的各种沟通原理和技巧。

当然，要提高你的沟通能力，并不是一朝一夕就能做到的，需要你进行长时间的认真练习，按照本书中提供的方法进行训练，相信日后你会成为一个对语言沟通驾轻就熟的人。

编著者

2020年3月

目 录

上篇　深度沟通，就是要将话说到位

下 篇 深度沟通，就是要将事做到位

E
Q
Q

上篇

深度沟通，就是要将话说到位

生活中，经常有人会说：“我性格比较直，说话难听请不要介意。”其实，这就是情商低的表现，性格直不能成为不会说话的理由。高情商的人会说话，他们在说话时能很好地照顾对方的情绪和心理，所以所说的每句话都是对方喜欢听的话。

第01章　深度沟通，就是要将话说中听

情商高的人，说最中听的话，赢得幸福生活的密钥就会说话。生活中，那些会说话的人总能够在社交场合中如鱼得水，总能讨得所有人的欢心，毕竟每个人都喜欢听好听的话。

会沟通者，更易获得幸福

情商高的人往往会说话，许多人可能都不知道说话可以成为幸福生活的密钥。说话，对人的情绪有一定影响，心中想什么，就应该大胆地说出来，如此才不会造成内心的压抑和憋屈。话说完了，心中的怨气也没有了，如此一来，你还会感觉到自己是不幸的吗？因此，我们可以说：幸福生活的密钥就是说话。

说话怎么可能为我们的生活带来幸福呢？在现实生活中，许多人是人前话不多，人后却是喋喋不休，他们对着天花板抱怨、对着窗户咒骂，这时，内心所受的委屈以及伤痛瞬间涌现了出来，人们通常把这样的心情叫作“憋屈”。因为在大庭广众之下不敢说、不愿说，结果自己受到的不公平待遇只能是“哑巴吃黄连——有苦说不出”。这些不敢说话的人，往往也是生活中总是感觉到自己不幸的那一类人。

美国医药学会前会长大卫·奥门博士曾说过："尽量培养出一种能力，使别人能够了解你的思想和感觉。学习在个人面前、团体面前、大众面前清晰地表达自己的思想和观念。在你通过不断努力而获得进步的时候，你便会发现：你——真正的你，正在人们心目中塑造一种前所未有的印象，产生前所未有的冲击。从这份处方中，你还会得到另外的好处。学会说话，会增强你的自信心，你整个人会越来越温和，越来越美好。这将意味着你的情绪已渐入佳境。"这是他曾经开过的一个药方，当时，他还说了这样一句话："在药房里抓不到，每个人得自己配，你要认为自己不行，那就错了。"

心理学家指出："假如一个人很有主见，当自己受委屈的时候，会在第一时间表明自己的态度，就不会在心中郁积很多的愤怒。"然而，对于大多数中国人来说，他们习惯了忍气吞声，不愿意说出来，反而给自己内心积压了更多的压力和不满。所以，请大声发表自己的意见与观点，说出来，你的心里将会舒畅很多。说话，确实是你开启幸福生活的钥匙。

1.从心理上改变

在生活中，许多人之所以会感觉到自己是不幸的，是因为内心自卑、缺乏勇气。而综合起来，就是不敢或不愿意说话，因此，才会把自己推至不幸的境地。说话可以为我们的生活带来很多新的改变，不管是情绪上的改变，还是心理上的改变，这些改变都是很有必要的。

2.说话是培养一个人自信和勇气的最佳方式

卡耐基先生说："说话是培养一个人自信和勇气的最佳方式。"当一个人除去在一群人面前说话的恐惧之后，他也会克服对自己、对别人以及对生活本身的恐惧。大多数人都有这样的体会：当你站在许多人面前说话，说得听众频频点头，大家的目光都在赞许你，还有人在本子上记要点，在说话结束时听众对你报以热烈的掌声，在散场时有人让你签名，有人找你请教问题，你会对自己产生新的价值认定，心中的自卑感会一扫而光，自信心将得到无比的增长。

3.说话将为你减少内心郁积的怨气

对于那些总是憋屈地生活着的人来说，说话将会为他们减少内心郁积的怨气。在心理治疗术里有一种办法叫作空椅子，就是告诉我们缓解压力的根本办法就是接纳自己、大胆表达自己的意见。对此，对于自己所受的委屈以及压力，我们应该真实地通过说话反映出来，如此，我们才能感受到生命带来的幸运。

沟通要因人制宜，到什么山，唱什么歌

俗话说："求神要看佛，说话要看人。"人上一百，形形色色，每个人都有自己的性情，每个人都有独特的心理。这时候，我们的语言表达方式也需要因人而异，需要迎合对方的性

情、心理特点，才有可能影响对方心理。否则，一味地强势或一味地退却，只会使我们在交流中处于越来越被动的位置。所以，我们在与他人交流的时候，需要讲究看准人下“药”，如此这般，才能使自己在人际交往中如鱼得水、应对自如。

两千多年前，孔子的学生仲由问：“听到了，就可以去干吗？”孔子回答：“不能。”这时，另一个学生冉求也问了同样的问题：“听到了，就可以去干吗？”孔子回答说：“那当然，去干吧！”公西华听了，对于老师孔子的回答感到很疑惑，就询问孔子：“这两个人问题相同，而你的回答却相反，我有点儿糊涂，想来请教。”孔子回答：“求也退，故进之；由也兼人，故退之。”

孔子的意思就是，冉求平时做事喜欢退缩，所以我要给他壮壮胆；仲由好胜，胆大勇为，所以我要劝阻他，做事你要三思而后行。孔子诲人也不是千篇一律，更何况是说话呢？我们在面对不同的说话对象时，需要看准人下“药”，时而强势，时而退避三舍，这样才能有效地影响他人心理。

战国时期著名的纵横家鬼谷子曾经说：“与智者言，依于博；与博者言，依于辨；与辨者言，依于要；与贵者言，依于势；与富者言，依于高；与贫者言，依于利；与贱者言，依于谦；与勇者言，依于敢；与愚者言，依于锐。”

1.“见什么人说什么话”

我们在开口说话之前，需要仔细观察了解对方这个人，或

是了解他的性格特征，或是了解他的喜好。在交谈进行的过程中，势必要“见什么人说什么话”，比如，对上司不能强势，只能“弱势”；自己的利益受侵犯，必须强势，维护自己的利益。

2.“对方想听什么，你就说什么”

当我们置身于一个谈话环境时，我们必须清楚与对方的关系，了解对方的喜好禁忌，了解对方喜欢听什么，讨厌听什么。洞悉其心理，对方想听什么，你就说什么，那些讨嫌的话绝对不能说。

3.“肚子里有货才能倒得出来”

当然，为了能够应对各种人，我们必须不断地积累知识，拓展自己的知识面，这样才能和什么人都有话说，才能够说出对方喜欢听的话。

“说人主者，必与之言奇，说人臣者，必与之言私”。一个人要善于说话才会受欢迎，如果你能够根据不同的人说不同的话，使自己的话语有“弹性”，那么，你的人际交往也能够相应地收放自如。

凝练语言，字字珠玑

说话不仅是一种生理功能，而且更是一种个人能力。不会说话的人，即便口若悬河、滔滔不绝，对方也会不以为然；

会说话的人，虽然只有只言片语，却一字千金，令人叹服。所以，大家作出总结，“一句话说得不好，可以说得人跳；一句话说得好，可以说得人笑。”一句话既可以化友为敌，引发一场争论甚至导致一场战争；也可能化敌为友，彼此冰释前嫌。

美国人类行为科学研究者汤姆士指出：“说话的能力是成名的捷径。它能使人显赫，鹤立鸡群。能言善辩的人，往往受人尊敬，受人爱戴，得人拥护。它使一个人的才学充分拓展，熠熠生辉，事半功倍，业绩卓著。”他甚至断言：“发生在成功人物身上的奇迹，一半是由口才创造的。”由此可见，话语不仅能够使自己获得卓越的成功，而且能够有效地影响他人的心理。那些说着“不寻常话”的人，往往令人尊敬，令人叹服；相反，总是喋喋不休谈论自己或者是非话题的人，则令人心生厌恶。

那么，怎么样才能说出不寻常的话呢?

1.幽默

有一天，人们对丹麦物理学家玻尔说：“你创建了世界第一流的物理学派，有什么秘诀吗?”玻尔幽默而含蓄地说：“也许是因为我不怕在学生面前显露自己的愚蠢。”面对别人的称赞，玻尔通过幽默而又谦虚的话回应，使得人们更加崇敬这位物理学家了。

2.语言真实、坦诚

鲁迅先生说自己：“哪有什么天才，我不过是把别人喝咖啡说闲话的时间都用在工作上罢了。”鲁迅先生否认自己是

天才，却肯定自己珍惜时间这一优点，给人一种真实、坦诚的感觉。

如果一个人说话说得好，那他说的定不是寻常话，所以，才有拿破仑因一席话而鼓舞了军队的士气，一鼓作气取得了胜利；林肯的一席话，让反对他的政敌哑口无言，肃然起敬；马云的一席话，传递给无数创业者以成功的希望。在日常交际中，我们要善于通过语言来操控他人心理，即说不寻常的话，令对方叹服。

深度沟通，就是要将话说得动人心弦

包钢大学毕业以后决心自谋职业。一次，他在网上看到某家知名公司招人。包钢没有盲目地去应聘，而是花费很多精力，广泛收集该公司经理的有关信息，详细了解这位经理的奋斗史。那天见面之后，包钢这样开口："我很愿意到贵公司工作，我觉得能在您手下做事，是最大的光荣。因为您是一位依靠奋斗取得事业成功的人物。我知道您二十五年前创办公司时，只有一张桌子、一位职员和一部电话机，经过您的艰苦奋斗，才有了今天的事业。您这种精神令我钦佩，我正是奔着这种精神才前来接受您的挑选的。"

所有事业有成的人，都乐于回忆当年奋斗的经历，这位经理也不例外。包钢一下子就抓住了经理的心理，这番话引起了

经理的共鸣。因此，经理乘兴谈论起他自己的成功经历。包钢始终在旁洗耳恭听，以点头来表示钦佩。最后，经理向包钢很简单地问了一些情况，终于拍板："欢迎加入我们公司。"

现代社会竞争日趋激烈，工作和生活压力也越来越大，任何人都渴望得到别人的认可、展现自我价值。在沟通的过程中，真诚地与对方交谈，把话说到对方的心坎上，那么对方也会愿意和你成为真正的朋友。

当时，诸葛亮隐居南阳，躬耕陇亩，与隐士黄承彦是忘年之交。黄承彦有一女，身材短小，脸色黑黄，貌丑无比，名曰阿丑。阿丑虽生得不漂亮，但从小读书，学识并不亚于男子。黄承彦非常欣赏诸葛亮的才华，而那诸葛亮乃是天下有名的才子，又生得相貌堂堂，一表人才，他怎么会看上自己的女儿呢？但事情就是这么巧，诸葛亮偏偏料定阿丑是个不平凡的女子，虽未曾谋面，但心中早有几分敬慕之情。诸葛亮的嫂嫂看出了他的心事，便亲自登门到黄家为诸葛亮提亲。黄承彦大喜过望，当即约定让诸葛亮亲自来一趟沔阳，与阿丑见上一面。碰巧，此时的诸葛亮刚好受了刘、关、张三人的两顾茅庐之请，对于是否出山，心中也举棋不定，正想请教一下黄老先生，便欣然赴约。

到了黄家，与阿丑相见后，诸葛亮见其行为举止落落大方，颇有风度，心中不由得多了几丝好感。互相问候之后，诸葛亮便把刘备两顾茅庐的事情告诉了黄承彦，想征求他的意见。黄承彦没有作答，而是反问诸葛亮："你是怎么考虑

的？”诸葛亮说：“想来想去，还是隐居南阳，躬耕陇亩好，可不受世俗纷扰，颐养天年。”

谁知这时，黄承彦还未言语，阿丑便接过话题说道：“小女子虽才疏学浅，但想向先生进一言：避乱隐居，固然悠闲，但身处乱世之中，焉能清静？苟全性命也绝非易事——孔融勤奋好学，刚直不阿，终被曹操所杀；祢衡洁身自好，也死于非命。先生难道不应该吸取教训吗？依我看，先生人称卧龙，有旷世之才，应当施展抱负才是。况且，刘备是一个有雄图大略的人物，他能够放下身架，亲顾茅庐，说明他礼贤下士，爱才惜才，这样的人难道不值得辅佐吗？大丈夫生于世间，当提三尺剑，立不世之功，安能默默无闻，糊涂一生？”

阿丑的一番话，令诸葛亮对她肃然起敬，同时也下定决心辅佐刘备。

击中要害的话，总是动人心弦的，只有把话说到点子上，击中要害，对方才会感受到你说话的分量，才会对你说的话有所警醒。说话如果说不到要害上，就无法拨动对方内心深处最关心、最敏感的那根心弦，就无法使其动容，改变主意，幡然醒悟。

说话就要点到关键处，这样的话才有力度，这样的交际才能成功。如果你说来说去说不到重点，那你怎么可能通过话语达成你交际的目标呢？为何有些人口才极其高明，有些人说话词不达意？关键就在于能不能把话说到点子上。掌握高明的口才技巧，把话说到点子上，你就会把握住人生的每一次成功机会。

1.说话之前先察言观色

一个会说话的人，在说话之前必然会先察言观色，正所谓“看菜吃饭，量体裁衣”，说话也要看准对象、选准中心、把握要领，考虑要不要说，思考应该说什么，以求话未出口先胜几分。若我们能做到想好了再说，话虽然没说多少，却句句说到了点子上，就能起到四两拨千斤的作用。

2.说话合适且得体

我们要在不同的时间、地点、人物面前说合适的话，该说话时才说话，而且要说得体的话。只要我们有充分的耐心，积极进行准备，等待条件成熟，顺理成章地表达自己的观点，就能既赢得对方的开心，又能令自己舒心。

3.少说不相干、不必要的套话

有人喜欢在谈话中用许多不相干、不必要的套话。这种情况，在与人交谈中都是非常有害的，给人造成一种说话啰唆，没有条理或是故弄玄虚的感觉。平时应该多记一些词语。生动而恰当地表达自己的意思，或是说话时多动动脑筋，想想如何表达才能有更好的效果。

把话说到点子上是说话技巧中极为重要的一点，如果一番交谈连达意的目的都没有达到，那这场交谈是失败的。不论自己的话题是否符合对方的期望，我们至少应保证不致引人反感。因此，只有做到以诚相待，又保证自己的话不偏离主题，才能把话说到点子上。就像是我们射箭一样，只有先看到靶子，才有可能瞄准靶子的红心。

多肯定和认同，更易得到他人喜爱

没人喜欢被批评，人们的内心都是渴望肯定和接纳的。其实，很多时候，说句肯定的话就能达到讨人欢喜的目的。社会生活中，学会肯定别人的优点，就是在肯定一个人的独特价值，并能够使他受到激励，继续发扬自己的长处，在以后的工作和生活当中更加积极，充满信心。请相信，一个处处给人鼓励与肯定的人更容易得到他人的欢心；而一个总是给人泼冷水的人终究得不到多少人的喜爱。总之，想要谈话更顺心，请记得多说一点肯定的话。

我们看一下下面这个案例：

爸爸对女儿妮妮管得很严！可是妮妮并不理解，觉得自己没有自由，整天都要按照爸爸的要求来做，爸爸不是责备自己这不对，就是说自己那不应该。可是爸爸并不这样认为，他觉得严格管教是为了女儿好，自己之所以要批评女儿，是为了让她认识到存在的问题，有利于她今后的成长。

一次，妮妮期末考试取得了班级第十名的好成绩。她兴奋地回到家，将这个喜讯告诉了爸爸，希望得到爸爸的夸奖。

等到爸爸下班回来，妮妮激动地说："爸爸，你知道我

这次期末考试考了多少吗？我考进了班级前十呢，给我什么奖励？”爸爸却并不满意，甚至有些严肃地说：“你骄傲什么呢？班级前十又不是年级前十，这点成绩就沾沾自喜，你之所以成绩老是上不去，就是太自满。”

妮妮有些不满地说：“爸爸，我的进步已经很大了，我足足前进了十几名呢！而且这段时间以来，我特别特别努力。”听到女儿这样说，爸爸更严肃地说：“就凭你这骄傲的态度，以后也没什么前途。还记得上次来咱家的梁叔叔吗？人家的儿子上的是重点中学，每次考试排名都在年级前十名，人家儿子都不满意，觉得进入全年级前五才是自己的目标。”听了爸爸的话，妮妮生气地回到了自己的房间，关起门来。

再怎么优秀的孩子，如果父母对他一味地采取否定的态度，那么孩子就会变得越来越糟糕。表现再怎么差的孩子，若是父母多看孩子的优点，持肯定的态度，那么孩子就会越来越优秀。所以，多给孩子一些肯定的话吧，相信你的鼓励会让他更为出色。

众所周知“良言一句三冬暖，恶语伤人六月寒”。其实，伤人的话不只是恶语。你没有骂人，却经常从反面说话，那也照样会伤害别人。所以，“巧嘴的人都喜欢说肯定的话，而避开负面的话”。否则，会使对方抵触反感，从而阻碍交流和沟通，影响人际关系。

多说肯定话，你需要从以下几点入手：

1.改变自己关注问题的关注点

比如说平时你关注的是对方的问题本身，这个时候你就要学会关注对方的解决方案，不要将过多的精力放在问题上，如果你过多地关注问题，那么你回答问题时将会变得很直接，也会变得很生硬。如果你能够换一换关注的角度，那么你很有可能会找到更好的回答方式。

2.少打击人，对人泼冷水

好泼冷水的人可以说是永远的失败者，因为他们对自己行为的结果如此盲目，而且，由于他们爱泼冷水，他们将得不到别人的帮助。不管出于什么动机，破坏别人情绪的人，必招致别人的讨厌甚至憎恨。为了工作，为了成功，每个人都应该好好学学如何善解人意。

3.多点包容，善待他人

每个人都有这样一个愿望：那就是使自己的自尊心得到满足，使自己被了解、被尊重、被赏识。如果你满足了别人的自尊心，他就会对你所做的一切表示感激，进而喜欢你。如果你想拥有良好的人际关系，请记住：多一分包容，少一分指责。

总一味地说些消极负面的话，这种人很难受人喜欢。虽然说你没骂人也没有说对方的坏话，但是你那万事皆不如意的心态，让人很难同你找到舒心满意的共同语言。时间长了，他人还会觉得你过于挑剔，毛病太多，不好相处，选择避而远之，偶有接触，也只好敷衍了事。

第02章　深度沟通，就是要将话说得滴水不漏

一个人做事能力的高低、为人处事以及留给身边人的印象，大部分是通过说话体现出来的。有的人说起话来口若悬河，好像很能说，不过这并不代表他会说话。高情商的人，说话往往言语周密，滴水不漏。

思路情绪，语言逻辑缜密

说话，逻辑一定要严密，有条理，保持思维的清晰度，通过逻辑分析的方式，将自己说话的目的清楚地表达出来。思维形式其实就是我们在思考问题时所使用的概念、判断、推理。思维规律是我们在使用概念、判断、推理进行思维活动时必须遵循的规律。这些规律要求我们在进行说话时保持同一性，不能互相冲突，也不能模棱两可，而是需要有充分的依据。这是说话具有严密逻辑性的要求，必须贯穿在我们说话的每一个环节中。保持清晰的思维，让自己的每一句话都具有逻辑性，如此更能准确地表达出自己内心的想法。

在一些说话的场合，我们经常会看到这样的现象：有的人啰啰唆唆说了大半天，下面的听众却云里雾里，正当人们极力想弄明白他到底说的是什么，说话者却结束了自己的说话，并表示：

“我很简单地发表了自己的一些看法，希望各位多多指教。”这时下面的听众却议论了起来：“说了大半天，还说是简单地表达？”“这人是不是脑子有毛病，自己都忘记说了多久了？”“简直是浪费我的时间，说话没逻辑，想到哪里就说到哪里。”为什么说话者会如此令人生厌呢？关键的原因就在于说话没有逻辑，没有归纳出自己所说内容的重点，让人根本搞不懂他在说什么。

著名诗人马雅可夫斯基是一位思维逻辑较强的演讲家。请看他在一次演讲大会上是如何应对的：

反对者：“您讲的笑话我不懂！”

马：“您莫非是长颈鹿？只有长颈鹿才可能星期一浸湿的脚，到星期六才能感觉到呢！”

反对者：“我应当提醒你，马雅可夫斯基，从伟大到可笑，只有一步之差！”

马（用手指着自己和那个人）：“不错，从伟大到可笑，只有一步之差。”

反对者递上一张条子，上面写道：“马雅可夫斯基，您今天晚上得了多少钱啊？”

马：“这与您有何干？您反正是分文不掏的，我还不打算与任何人分哪！”

反对者：“您的诗太骇人听闻了，这些诗是短命的，明天就会完蛋，您本人也会被忘却，您不会成为不朽的人。”

马：“请您过一百年再来，到那时我们再谈吧！”

在这个案例中，马雅可夫斯基巧妙运用逻辑思维将错就错，用反问给予反对者辛辣的讽刺。面对反对者讽刺的提问，他以其人之道，还治其人之身，用偷梁换柱予以回击，有力地打击了反对者。当然，如此的语言反击不仅具有幽默感，而且体现出更高的逻辑思维能力。正是如此严密逻辑的反击，才让反对者无法找出语言的漏洞进行讽刺，也正因为如此，马雅可夫斯基才赢得了反击的胜利。

那如何才能增强自己话语的逻辑性呢？

1.观点明确

说话所表达的思想观点必须明确，是什么就是什么，不能模棱两可。你在说话中需要肯定什么，反对什么，这些都需要明确，绝不能似是而非。如果你的话语陷入了含糊其词的境地，就会让听众难以琢磨。

2.不能随意地变换话题中心

在一段说话中只能有一个确定的思想，这个思想就是贯穿整个说话的中心，说话者不能另外选择一个中心，也不能随便变换中心，否则说话中就存在多个中心，听众自然不知道你在说什么，也不懂得你所表达的思想。随便变换话题的中心，很容易给听众造成错觉，分散听众的注意力。

3.话语前后保持一致

在某些说话中，人们最容易犯的就是自相矛盾的错误。比如，“我基本上完全同意他的意见”，这句话就是表达有误，

“基本上”和“完全”是两个逻辑意义不同的词语，“基本上”意思是绝大部分但绝不完全，那如此理解而来这句话就是自相矛盾的，说话者自己也难以进行自圆其说。

说话需要言之有理、持之有据，当你提出一个观点之后，需要有大量的材料来论证这个观点，让听众听了觉得很有说服力。当然，你所寻找的材料论据，需要是真实的、准确的，一定要经得起实践的检验，如此说话才能做到事真、情真、理真，才能令人信服。

按照四个W原则，表述更有章法

说话，需要将语言表达得更清楚、更具体，这就需要遵循四个W原则，即“when”“where”“who”“what”，也就是什么时候、在哪里、谁、发生了什么。若是在说话时遵循这四个原则，那一件完整而清楚的事情就会呈现在大家面前。如果在说话时只涉及了其中的一两个方面，那这样的叙述不够完整，别人听了就会产生疑惑。

早上，办公室里聚集了一大群人，只见小王急匆匆地跑进来，大声喊道：“出事了，出事了，公司大楼前面出事了！”顿时，所有人的心都提到了嗓子眼，“什么事情啊”“瞧你，火急火燎的，到底是出了什么事情，你倒是说啊”“公司大楼前

面，某不是出车祸了吧”……小王端起放在桌子上的一杯水就灌到嘴里，然后大大地喘了一口气，才说：“外面有人跳楼了。”

同事们都睁大了眼睛，无数的问题抛出来：“是真的吗？”“是啊，是不是你自己编瞎话呢？”小王点点头：“当然是真的了，我怎么会拿这种事情开玩笑。”又有人问：“那跳楼的是男的，还是女的啊？为什么跳楼啊？人死了还是活着啊？”小王摇摇头，说道：“反正吓死我了，我现在心还跳得厉害呢！”同事埋怨道：“那你这不是存心吊我们胃口嘛，怎么说话的，大家可都当你是办公室里的大广播呢，现在连一件事情都说不清楚。”

案例中，小王只是简单地叙述了在哪里发生了什么事情，并没有涉及其他的内容，因此同事们听了就会心生疑惑：这事情到底是怎么发生的，具体怎么样？这些关键性的问题却难以从小王的嘴里找到答案，产生这样现象的原因在于小王的语言表达不够清楚。

其实，造成语言表达不清晰的原因主要有两方面：一方面是由于紧张或慌乱引起的思维混乱，对于谁、什么时候、在哪里、发生了什么，常常是东一句西一句，表达不清楚；另一方面是由于说话者本身对事情的过程就不熟悉，只模糊地知道一些情况，就急于说出来，因此才给听众一种这件事情不清不楚的感觉。

在实际语言表达中，如何遵循这个四个W原则呢？

1.搞清楚状况再说话

在生活中，许多人总是在还没搞清楚状况的情况下就说

话，结果却只能说出一言半语，将本来完整的一件事情弄得支离破碎，自己说起来费劲，而听众也听不明白。

2.巧妙让叙述更清晰

如果说话者思维不够清楚，不妨在说话之前在纸上写下事情发展的四个要素，或者将这四个W原则在脑海里整理一遍，让整件事情清楚地呈现在脑海里，再进行详细地叙述，这样就可以避免表达模糊不清的情况。

说话的目的在于向对方清楚地传递信息；若对方听不懂你在说什么，那说话就等于白说。在现实生活中，许多人在说一件事情的时候，总是牛头不对马嘴，说到半截就开始跑题，前面的没交待清楚就开始说后面的，结果弄得大家都迷迷糊糊的。

简洁明了，沟通不啰唆

在实际生活中，很多人说话都有一个明显的弊病，那就是非常啰唆，把一些极为简单的问题复杂化。本来可以三言两语就能说清楚的问题，他非要重复无数遍，结果越说越离谱，自己也搞不懂在说什么。其实，我们从一个人的说话就可以看这个人的做事风格，说话简洁而有力道的人，大多就是自信心很强、办事果敢的人；而那些废话连篇的人，则通常都是思维比较迟钝的人，做事也显得犹豫不决、优柔寡断。

正所谓“言不在多，达意则灵”，那些言简意赅的话语，往往更有力度，而且更能深入人心。说话简洁使人愉快，令人喜欢，这样更容易被人接受；相反，说话冗长累赘，就会使人厌烦，也使沟通达不到预期的效果。所以，我们在日常交际中，要善于说一些简洁而又有力的话语，这样才能直入人心。

那如何说话才能做到言简意赅呢?

1.尽量使用准确的词语

福楼拜说：“任何事物都只有一个名词来称呼，只有一个动词标志它的动作，只有一个形容词来形容它。如果讲话者词汇贫乏，说话时即使搜肠刮肚，也绝不会有精彩的谈吐。”我们在平时的语言积累中，要尽可能地掌握更多的词汇，这样才能说出简洁而有力道的话。

2.将复杂的内容简单化

要想自己说话简洁而有力度，就需要“删繁就简”，说话要简洁，势必要删掉那些冗长的、反复的词汇，尽量把复杂的话简单地说出来，这样才会简单易懂，才能直入人心。

语言大师林语堂认为“言不在多，达意则灵”，由此可见，用最少的字句，传递尽可能多的信息，这是语言风格的必然要求。鲁迅说：“无端地空耗别人的时间，其实是无异于谋财害命的。”简单朴实的语言风格可以给人一种亲切的感觉，不要过多地使用“华丽的辞藻”，也不要装腔作势，而是需要说出言真意切的话语，这样才更容易打动人心。

尖锐的问题，用模糊语言避开

模糊语言，即采取恰当的方式、巧妙的语言对别人的请求作出间接的、含蓄的、灵活的表态。其特点就是不直截了当地表明态度，避免与对方短兵相接式的交锋。模糊语言是日常生活中随机应变的一种重要方法，常用于一些不必要或者无法把话说得太死的情况。

李勣是唐朝初年的大将。唐高宗李治即位后，李勣任司空，他为人机巧，行事谨慎。

永徽二年，高宗将武则天从感业寺接回宫中。随着恩宠日隆，高宗欲废黜王皇后，改立武则天为后。于是，高宗便就此事征求大臣的意见。

尚书右仆射褚遂良提议说："王皇后是世家之女，是先帝为陛下娶的，先帝驾崩前，对守在身边的大臣说：'我的好儿子好媳妇，现在托付给你们了。'这话，至今如在耳畔，而且，王皇后表现一直很好，怎么能轻易将她废除了呢？陛下如果一定要变更皇后，可以选择其他望族啊，何必要选武氏呢？武氏曾经跟随过先帝，这是众所周知的。天下众人的耳目，怎么能遮挡得住呢？"

韩瑗、来济也上书李治，力主不选武则天，但高宗就是听不进去。

后来，高宗问李勣的看法，李勣生性乖巧，心想，若是真的

说出自己的想法，可能招来杀身之祸。因为，废立皇后成功与否，都与性命有关。同意废除王皇后，要是不成功，就将得罪王皇后；不同意废除王皇后，如果武则天被选中，无疑是自投罗网。

李勣左思右想，含糊其词地对高宗说："这是陛下的家事，有什么必要问外人呢？"

高宗听罢，便有了主意，随即废除王皇后，下令将武则天立为皇后。武则天当上皇后之后，通过各种手段报复当初不拥护她的大臣，长孙无忌、褚遂良、韩瑗等一批人，或者被贬逐，或者被诛杀。李勣因为应付巧妙，避免了祸及自身，并且受到重用，负责审理这些不拥护武则天的大臣。

尖锐的话题伤人，但有时无法避免地要涉及，作为交流的一方，我们能做的就只剩下减少尖锐话题的冲击力这一点了，用模糊的语言来说尖锐的话，给他人一个缓冲的空间，给对方一点理解与关怀，或许反馈给我们的会是另一种美好。

言而不尽意是人生的一大憾事，但有时候又不能尽意，"犹抱琵琶半遮面"是最理想的一种效果，那么你知道如何才能说出言不尽意的模糊话语吗？

1.寻求两个对立极端的中间状态

在谈话时，我们要端正思维方式，冲破传统的、习惯的"非此即彼"的思维约束，寻求两个对立极端的中间状态，使其真正与现实问题相吻合。要彻底抛弃"非对即错""非黑即白"等长期困扰我们的违反辩证法的极端观念。

2.说话要懂得避其锋芒

有些问题不能用“是”或“不是”回答，直言注定要吃亏。所以聪明人懂得避其锋芒，模糊回答。例如，当朋友问你她新买的上衣是否漂亮时，你觉得难看，但直接否定又容易伤害她，你可以说：“还好。”“还好”是不太好还是还可以？不好界定。这就是假话中的真实，它区别于违心而发的奉承。

3.“模糊”绝非含糊

“模糊”绝非含糊，绝非模棱两可、搪塞应付者，躲躲闪闪、装腔作势。尤其是领导干部在决策时，绝不能用“模糊语言”作盾牌，掩盖自己的真实观点，对于群众的意见、建议，更不能采取官僚主义的态度，用“研究研究”“争取解决”之类的托词去敷衍塞责。假如对于那些需要认真对待的问题你还模糊的话，那你将会遭受很大的损失。

说话的艺术，在于委婉而贴切。言辞如刀，一旦不懂方法，任何话都直话直说，很容易伤害到他人。有的时候，对于一些难以回答的问题，学会使用模糊语言，就能避免很多冲突。

言辞诚恳，有理有据

说话要诚实、有据可依，这是人尽皆知的道理，并且，从逻辑学的角度考虑，这是符合逻辑定律中的充足理由律的。充

足理由律的内容是：在同一思维和论证过程中，一个思想被确定为真，总是有充足理由的。

这里所说的思想通常是指其真实性需要确定的判断，因此充足理由律可以表述为：p真，因为q真，并且由q能推出p。

也可以用符号公式表示为：$[q\wedge(q\to p)]\to p$

在上述表达式中，“p”代表其真实性需要加以确定的判断，我们称它为推断。“q”代表用来确定“p”真的判断（也可以是一组判断），我们称之为理由。因此“$[q\wedge(q\to p)]\to p$”的意思是说：一个判断“p”所以被确定为真，是因为“q”真，并且由“q”真可以推出“p”真。在这里“q”就是“p”的充足理由。

充足理由律的逻辑要求主要有两条：

第一，理由必须真实；

第二，理由与推断之间要有逻辑联系。

但必须指出，充足理由律本身并不能为人们提供真实理由。因为在一个论证中，理由究竟是真是假，这不能由充足理由律来确定。这样的问题只能由实践和各门具体科学来解决。

违反充足理由律的要求，就会犯“理由虚假”或“推不出”的逻辑错误。

1.理由虚假

以主观臆造的理由为依据进行论证，就要犯“理由虚假”的逻辑错误。

2.推不出

有时，理由孤立地来看是真实的，但它同推断没有必然联系，从理由推不出推断。

充足理由律主要是用来保证思维的论证性。说话、写文章或著书立说只有具有论证性，才能具有真正的说服力。

同样，我们在谈话中，按照这一逻辑要求来说话，也会让话语更有说服力。

“狼来了”的故事，我们都听过：

从前，有个放羊娃，每天都去山上放羊。

一天，他觉得十分无聊，就想了个捉弄大家寻开心的主意。他向着山下正在种田的农夫们大声喊：“狼来了！狼来了！救命啊！”

农夫们听到喊声急忙拿着锄头和镰刀往山上跑，他们边跑边喊：“不要怕，孩子，我们来帮你打恶狼！”

农夫们气喘吁吁地赶到山上一看，连狼的影子也没有！放羊娃哈哈大笑：“真有意思，你们上当了！”农夫们生气地走了。

第二天，放羊娃故技重演，善良的农夫们又冲上来帮他打狼，可还是没有见到狼的影子。

放羊娃笑得直不起腰：“哈哈！你们又上当了！哈哈！”

大伙儿对放羊娃一而再再而三地说谎十分生气，从此再也不相信他的话了。

过了几天，狼真的来了，一下子闯进了羊群。放羊娃害怕

极了，拼命地向农夫们喊：“狼来了！狼来了！快救命呀！狼真的来了！”

农夫们听到他的喊声，以为他又在说谎，大家都不理睬他，没有人去帮他，结果放羊娃的许多羊都被狼咬死了。

从这个故事中可以看出，说话要真实是取得信任的前提条件，没有谁喜欢听谎言。另外，沟通中如果我们发现了对方的话站不住脚，也要懂得利用口才技巧击破谎言。

2010年4月10日，在博鳌论坛上被问及“有学者预期最早二季度会加息”时，周小川反问：“谁说要加息了？”周小川这句话很明显地表达了“在可预期的短期内，加息之说并不靠谱”的意思。2009年以来，房地产与股市等资产价格飞涨，加息之弦的确绷得很紧。加息这个“狼来了”的故事经常让人心神不宁。早在1月20日，加息传闻就导致两市大跌3%；2月份CPI达到2.7%，又有人以“负利率时代来了”为由催促加息。刚刚进入央行货币政策委员会的经济学家李稻葵一句“假如未来CPI在某些月份超过3%，就有可能加息”更是被解读为加息信号。这一回，周小川虽没有明确说出“不加息”三个字，但基本上表达了至少短期内央行不准备加息的意思，可以算是一颗能给市场以信心的定心丸。

周小川的回答打破了各种“加息”传闻，给市场以信心的定心丸，稳定了市场。

在任何形式的谈话中，我们都要求概念必须是真实可信的，是有据可依的，这样，才更有说服力，才能经得起逻辑的推敲。

第03章　深度沟通，就是要将话说得恰如其分

说话是一种技术，更是一门艺术。一句恰到好处的话，能够改变一个人的人生；一句不合时宜的话，可以毁掉一个人的生活。情商高的人，说话总是留有回旋的空间，进退有度，随时都可以实现沟通的无缝对接。

赞美他人的话，要说得中肯

当我们面对陌生人的时候，有时候免不了说一些恭维赞扬的话，以此来获得对方的好感，拉近双方之间的距离。每个人都有自尊心和虚荣心，也总是希望自己身上的优点和长处得到别人的赞赏。因此，即便是初次见面，为了减少双方之间的陌生感，也可以适当针对他人的长处优点说一些恭维的话，让对方心生暖意，从而实现融洽的人际关系。但是，我们在向对方说那些恭维的话时，也需要掌握好一个“度”，稍有不慎，就会给对方一种阿谀奉承之感。

要做到恰如其分地称赞对方并不是一件很容易的事情。这就需要我们掌握好说恭维话的技巧与方法，那些恭维的话并不是越多越好，而是越精越容易打动人心。有时候，过多的恭维只会引起对方心里的厌烦，甚至会遭到排斥。所以，在面对陌

生人的时候，特别要注意说话的度，毕竟良好的第一印象才能够为后面建立良好的人际关系提供帮助。

小王是一家理发店的发型设计师，他很会说话，因此，很多顾客去理发店里都会直接点他的名字。

有一次，有一位年近四十的妇女去店里做头发，正逢其他设计师都在忙，于是这位顾客就由小王接了下来。这位妇女面无表情，看起来很难接近，且她总是对别人露出一种不屑的眼神。小王面带笑容："女士，您的皮肤保养得真好。"那位妇女还是面无表情，似乎根本没有听到小王的话。小王并没有露出任何不悦的表情，反而笑着说："像您这样气质出众的女士，一定得配个气质型的发型，能够使你魅力更加出众。"妇女嘴角露出点微笑，小王接着说："女士，你今天做这个发型是为了参加一个聚会吧！"原来小王不小心瞄到了女士皮包里露出的半截请帖。那位妇女有点惊讶："你怎么知道？"小王不经意笑了笑："我随便猜的。"

小王一边给那位妇女做头发，一边与她聊天，等到发型做好了，那位妇女已经是满脸笑容，她临走前对小王说："小伙子的手艺真不错，下次来了还找你。"

小王对顾客恰到好处的恭维，不禁打开了对方的心扉，更是建立了一种良好的人际关系，这对于拓展自己的客户群是非常有帮助的。因此，我们在人际交往中，要学会恰到好处地对他人进行赞美、恭维，以激起对方的谈话兴趣。

1.具体明确地恭维对方

对他人进行恭维的时候，一定要善于挖掘对方的长处和优点，这样才会使你的恭维言之有物，不是空泛而谈。所谓具体明确的恭维，就是需要你有意识地说出一些具体而明确的事情，而不是模糊、含糊地恭维。除此之外，你在恭维别人之前需要尽早了解对方引以为豪的地方，然后再对此进行赞美。你在尚未确定对方值得赞赏的地方时，千万不要胡乱称赞，否则只会自讨没趣。

2.态度真诚

在恭维别人的时候，一定要保持真诚的态度。即便是为了赢得对方的好感，也需要说一些发自内心的话，因为恭维别人毕竟是一种美德。如果你净说一些虚情假意的话，只会让对方产生反感情绪，甚至排斥你。只有发自内心的肺腑之言才能够打动对方，进而使对方保持一种愉快的心情。

如何恰到好处地向对方说一些恭维话？那就需要你的话语中有明确的恭维点，也就是你要明确地指出对方的长处和优点，不能进行模糊的赞美，否则只会让对方感觉是虚情假意。另外，你在向对方进行赞美、说恭维话的时候，需要保持态度真诚，这样才更容易打动人心。

平等沟通，表达尊重

司马光在《资治通鉴·唐纪·四十五》中称：“下之情莫不愿达于上，上之情莫不求知于下，然而下恒苦上之难达，上恒苦下之难知，若是者何？九弊不去故也。所谓九弊者，上有其六而下有其三：好胜人、耻闻过、骋辨给、眩聪明、厉威严、恣强愎，此六者，君上之弊也；谄谀、顾望、畏愞，此三者，臣下之弊也。”在这里，司马光所论述的可能是最早的“位差效应”了。阻碍人与人之间信息和情感沟通的因素很多，但最主要的恐怕还是交流双方因地位或角度不同而造成的心理隔膜，这种情况被管理学者称为“位差效应”。

位差效应本意大多指的是上下级之间，由于地位的不同使人形成上位心理与下位心理，具有上位心理的人因处在比别人高的层次而有某种优势感，具有下位心理的人因处在比别人低的层次而有某种自卑感，一个有上位心理者的自我感觉能力等于他的实际能力加上上位助力，而一个有下位心理者的自我感觉能力等于他的实际能力减去下位减力。

从客观上讲，我们在与他人的交流过程中，应尽自己的最大努力获取信息。日本管理学家证实：信息每经过一个层次，其失真率为10%—15%；上级向他的直接下属所传递的信息平均只有20%—25%被正确理解，而下属向他的直接上级所反映

的信息被正确理解的则不超过10%。当然，他也提到了：“平等的交流，极少存在上位和下位之分，故其沟通和交流的效率可达到90%以上。”对此，在现实生活中，我们应该平等地沟通，这样的交流才会更自然，才也更容易打动人心。

1.互相了解

在沟通过程中，平等的交流包括双方的互相了解。让对方了解你的需求，了解你的难处，让对方知道你需要什么样的帮助。同时，你也需要了解对方的需求，让对方感到你是理解他的。

2.站在别人的角度想问题

在沟通中，需要时刻站在别人的角度想问题，多考虑别人的感受，如果你是上级，不要不分场合地教训人；多把事情往好处想，少盯着别人的缺点；给对方多一些赞扬，少一些批评。

在现实生活中，我们大多有这样的经历：当我们的谈话对象是一个比自己地位或威望高的人时，我们的表现往往会失常，事先想好的话在手足无措中乱了套，导致了尴尬的局面；反之，如果在一个地位或能力都不如自己的人面前，我们却可以一切应付自如，甚至还有可能超常发挥。

多听少说，别暴露自己的心理

在沟通过程中，谁先开口说话，谁说得比较多，谁就有可

能处于被动的位置。俗话说："商场如战场。"在谈判桌上，为了避免受到对手的攻击，人们总是千方百计地遮掩自己内心真正的想法，而"紧闭嘴巴"则成为了其掩盖自己心理的有效方法之一。若是什么都不说，对方自然也不知道自己在想什么，如此必然胜券在握。反之，谁说得比较多，他暴露出来的信息就比较多，自然，他就只能处于被动位置了。因此，为了自己能占据主动位置，应该让对方先开口。

小张是一个推销员，经常是天南海北地跑。有一次，他出差到了杭州，工作任务是与商家洽谈一笔生意。

到了约定的时间，双方代表面对面落座。小张注意到对方是一个不苟言笑的人，而且，直到小张来了，他还在低着头看报纸。小张觉得比较闷，就主动向对方打招呼："最近杭州天气比较热啊？"没想到，那位谈判对手头也不抬，冷漠地回答："杭州都是这样的天气。"小张并没有放弃交流，他继续问："听口音您不是本地人吧？""噢，山东枣庄人。"对手抬起头来，警觉地看了小张一眼。"啊，枣庄是个好地方！读小学的时候，我就在《铁道游击队》的连环画上知道了。两年前去了一趟枣庄，还在那边玩了两天呢，很不错，真是个好地方。"听了这话，那位枣庄人精神为之一振，马上放下报纸，先是递烟，又与小张互赠名片。两人越聊越高兴，晚上相约一起进餐。就在当天晚上，双方就谈成了一笔互惠互利的生意。

如果对手不先开口，小张就无法详细地了解对方，自然也就没有办法谈成生意了。在谈判过程中，谁先开口，谁谈论得比较多，谁暴露的信息就比较多。而作为其对手，我们应该从其所谈论的话题中洞悉其心理，这样，在接下来的言语交锋中，我们才能对准其心理，达到谈判成功的目的。

1.多提问

潜能大师安东尼·罗宾说过："对成功者与不成功者最主要的判断依据是什么呢？一言以蔽之，那就是成功者善于提出好的问题，从而得到好的答案。"在谈判过程中，善于提问是很有必要的，一个好的提问可以引导一次愉快的沟通，而一次愉快的沟通会让你获得更多的信息。

2.尽量让对手多说话

成功的沟通是尽可能地让对方多说话。当需要别人去赞同自己意见的时候，失败的原因就在于话说得太多了，特别是一些推销员，他们很容易犯这个错误。

其实，要想取得良好的谈话效果，你应该让对手多说话，表达出自己的意见，或者说，应该你问他问题，让他来告诉你一些事情，这样你才能搞清楚对手到底在想什么。更为关键的是，只有让对方先开口，你才能探得一些信息，在接下来的谈话中，你才能句句击中其心理。

有效沟通，远离无意义的争执

老子曰："上善若水，水善利万物而不争。"最好的德行就像水，水善于滋养万物而不争功德，所以它最接近于道的境界。如果你能在人与人交往中远离那些无趣的争吵，平和地对待人与人之间的关系，那你就会有更多的精神投入到自己该做的事情中，并且一定会做好。

我们经常看到这样的场景：两个人吵得不可开交，其实没什么大事，只是生活中的一点鸡毛蒜皮，闹到最后老死不相往来。这是为何呢？其实，从每个人最深处的潜意识来说，人最爱的人是自己，最相信的也是自己，总认为自己的观点是正确的，这也许就是佛教上所说的"我执"吧。

很多时候，争论只会让双方更确信自己是对的，所以没有人能赢得争论。因为没人肯认输。即使对方勉强同意了我们的观点，看似我们赢了，其实我们依然是输了，因为在争论中，我们的论点被攻击得千疮百孔，而且，我们伤害了别人的自尊，使他怨恨我们的胜利。

拥有一副好口才是一件令人高兴的事情，但运用得不恰当，好口才将成为你惹祸的根源！因此，在这里为人们提供几条建议，以便大家将口才运用得恰到好处：

1.说话要有商量的余地

在说话时，为了让别人有考虑的余地，我们要尽量缓和，最好能够避免使用“绝对是这样”的说法。我们可以说：“有时候是这样的，有些时候是那样的。”甚至可以说：“大多数人都是这样的，其效果比别人那样要好。”这样谈话，彼此之间就更能达成和谐的状态。

2.容纳更多不同的想法

人的脑力是有限的，不可能面面俱到，因此，别人从另外一个角度提出的的意见，总有些可取之处，或许比自己的更好。这时你就应该冷静地思考，或两者互补，或择其善者。当我们懂得接纳的时候，我们的视野就会不断扩大，那么我们与他人的争执就会越来越少。

3.树立正确的辩论道德观

把辩论置于科学之上，以理服人，让事实说话。辩论者要有高深的涵养，不搞诡辩、不揭隐私、不搞人身攻击；不把观点的敌对引申为人际的敌对；不靠嗓门压人，有理不在声高，如果你能用有节制的音调语气道出你的理，其效果会非常好。

4.学会让步，让事实说话

当与他人发生意见分歧的时候，当他人情绪激动要与自己一争正误的时候，一定要控制好自己的情绪，先作出让步，等双方情绪都稳定下来以后，让事实说话。这样一来，即使你被证明是错误的，你也体现了宽容与大度的好品格。

5.使第三者代你说出自己想说的话

当你与别人展开争论之时，最好使第三者代你说出自己想

说的话，如此效果将更好一些。例如，母亲教导孩子之时，总是如此地说，“老师不许你如此做的”或者，“这样做，老师会处罚你的……”比起以自己的想法教导他，其效果要好得多。

争来争去，只会大伤和气，这是非常不明智的选择。喜欢争斗的这类人一般比较小心眼，只要对方对他有点异议，他就开始极力为自己辩解，甚至剑拔弩张。在争辩的过程中，人的情绪无疑是愤怒的。与人争辩，不管最后结果如何，在心情上你已经输了。

保持中立，沟通要善于权衡利弊

随着时代的发展，各个用人单位对于面试也越来越重视，因而面试时各种古怪问题层出不穷，不乏有些缺乏经验的应聘者在面对进退两难的面试问题时掉进陷阱里，导致损兵折将，工作也付诸东流。其实，刚面对让人为难的问题时，尤其是作为应届大学毕业生，如果没有更好的选择，不如采取中立的态度。这样一来，既不会因为过左或者过右失去工作，也能够保护自己的周全。

现代职场尽管讲究男女平等，但是在很多情况下，女性求职者依然面临窘境。艾薇在面试时就遇到了这样的问题。

大学毕业几年后，艾薇已经结婚，她因为在此前的公司职

业发展不顺利，所以决定要借着结婚的机会好好休假，然后换一家公司。没想到，自以为经验丰富的艾薇却频频遭遇面试陷阱，面对那些让她进退两难的问题，她一度不知如何作答，也因此失去了宝贵的工作机会。直到后来想出恰到好处的回答，她的面试才更加顺利。

原来，艾薇在接连几次面试过程中都遇到过同一个问题：“作为已婚女性，你会马上要孩子吗？”刚开始时，艾薇坦然回答：“会的，小生命是上帝赐予我们的天使。”就因为这个回答，艾薇面试失败。后来，艾薇坚定不移地回答：“最近五年，我不会考虑要孩子。”面对艾薇这个斩钉截铁、不假思索的回答，面试官们也同样觉得缺乏说服力，毕竟每个女人都想在育龄生孩子，这样孩子才能健康活泼。同样地，艾薇的面试又失败了。后来在一个好朋友的点拨下，艾薇才意识到问题所在，因而在遇到类似的提问时，她会略作思考，然后慎重地说：“成为母亲是每个女性的权利，也是义务，我当然也不例外。不过我和我老公刚刚结婚，目前经济基础还很薄弱，我们一致认为应该为孩子的到来创造更好的条件，所以我们商定等到工作有了起色，经济基础也更雄厚之后，再要孩子。目前来看，我们至少三年之内不会要孩子，三年之后酌情再作决定。”这个回答最终说服了面试官，也使他们愿意相信艾薇。最终，艾薇得到了工作。

艾薇此前对于是否马上要孩子这个问题的回答都不够完

美。如果她斩钉截铁地说不要孩子，面试官必然觉得她作为女性缺乏爱心，连自己的孩子都不欢迎；如果她说一定会马上要孩子，则面试官又会考虑到万一艾薇怀孕，在对公司没有太多贡献的情况下，又要成为公司的负担，因而难免要权衡比例，作出取舍。唯有第三种方式的回答让面试官感受到艾薇是经过慎重考虑作出的决定，而且是非常合理的人生计划，因此愿意给艾薇机会先开创自己的事业，也想到艾薇为了给孩子创造良好的条件在工作上一定会非常努力、会成为一员干将。

面试时，应聘者经常会遇到这样或那样让人为难的问题。与其采取极端的方式作出回答，不如以中立的态度，给予自己和面试官一个更好的交代。唯有如此，才能成功打动面试官，并帮助我们得到一个更好的工作机会。实际上面试官之所以提出如此两难的问题，也并非想刻意刁难应聘者，而只是想让应聘者学会权衡和平衡之道。所以只要应聘者在回答的时候兼顾方方面面，也能作出合理的规划和安排，往往就能顺利通过面试官的考核。

第04章　深度沟通，先要了解沟通禁忌

日常沟通中，大部分脱口而出的话，总是令当事人后悔不已。高情商的人，不说踩雷的话，他们在与人交流过程中，总会三思而后说，先思考再说话，把心里话说出来之前，稍微修饰一下言语，把握说话的分寸，这远比说错话之后再去弥补要好得多。

沟通中，千万不可触及对方的痛点

无论是人之短也好，人之私也罢，都衔接着人的尊严，说与不说关乎人心的良善，对人是非、隐私若揭若说，是一种损人尊严、折损消耗自己良善福德的行为，所以古人教导我等应当慎之又慎。不顾及他人的尊严揭人伤疤，会让人心生怨恨，也会多一个敌对者。

在我国的春秋时期，就曾发生过这样一起离奇的弑君事件。身为一国之君的宋闵公，仅仅因为自己的一句玩笑话，就被大将军南宫万砸死在棋盘下。

当时，宋闵公携众臣前往郊外游玩，南宫万也在陪侍之列。玩到尽兴之时，宋闵公突发奇想，让群臣逐一展露绝活，有的人弹奏，有的人舞剑……轮到南宫万时，只见他举起手中

的长戟，往空中一抛，然后稳稳接住，再抛再接，一连十几次，惹得众人连声叫好。

然而，南宫万的精彩表演让宋闵公妒意渐生。他命人拿来一副棋，要与南宫万切磋棋艺，输者罚酒一碗。南宫万要戟是把好手，下棋可就远远不及宋闵公了。几个回合下来，他就喝得酩酊大醉，却执意要与宋闵公再战。宋闵公哈哈大笑："你这个贼囚犯，还想赢我？"

原来，一年前，南宫万带兵攻打鲁国时，不慎被对方活捉，后在宋闵公的求情下，才得以脱身，南宫万视之为奇耻大辱，然而，宋闵公偏偏不知趣地触及了对方的伤疤。

南宫万当时就很生气，只是慑于君臣之礼，不敢发作，强颜欢笑。这时，突然传来周庄王驾崩的消息，宋闵公当即说道："既如此，我当遣使入都吊唁。"南宫万一听，马上自告奋勇："小人从来没去过国都，此番愿代大王前往吊唁，顺便领略一下国都的繁华。"

没想到，宋闵公却笑道："我们宋国难道没人了吗？要派你这个囚犯去丢人？"引得周围的人狂笑不止。南宫万再也抑制不住心中的怒火，大声吼道："你这个无道昏君，可知道囚犯也会杀人！"说罢，抢起桌上的棋盘就往宋闵公头上砸去，宋闵公当场毙命！

谁都有不足的地方，人人都有自己的缺憾，但只要善于改正就是好样的。当我们那些小污点成为过往的时候，我们每个

人肯定都不希望有人提起。如果有人拿这些问题做文章，就等于在人家伤口上撒盐，这也是不能容忍的。

做一个顾及他人尊严的人，你需要注意以下几点：

1.就事论事，不人身攻击

所以，在批评人的时候，对方哪件事做错了，就批评哪件事，不能因为他某件事做错了，就论及这个人如何不好，以一件事来论及整个人，把他说得一无是处，说他一贯如此。比如，用“从来”“总是”“根本”“不可救药”等言辞来否定人，都是不可取的，应当避免。

2.学会顾及他人的感受

在现实生活中，人都是有弱点的，所以在交谈的时候，尽量不要碰别人的“伤疤”。但很多人都往往认识不到这一点，在说话的时候，只顾着自己高兴，而不在乎别人的感受。要知道有时候一句侮辱性的语言完全可能把深厚的友谊葬送。

3.不要触碰他人的伤心点

月有阴晴圆缺，人难免有失意之时，或高考落榜，或恋爱受挫，或久婚不育，诸如此类的失意之事，暂时忘却倒也轻松，但若有人有意无意提起，就会使他心灰意冷、沮丧不已。万事如意、踌躇满志之人则多以昔日的失意为忌讳，生怕传播开去，有失脸面。所以，请注意口德，不要触碰他人的伤心点。

荀子说：“与人善言，暖于布帛；伤人以言，深于矛戟。”朋友们，如果你喜欢做些伤人的事情，让人下不来台，就不怕

被报复吗？如果你不小心得罪那些心小之人，报复是肯定会有的，所以大家还是好好估量一下轻重吧！得罪人真的是没什么好处。

有效沟通的前提是不说无聊的话题

马克·利里是维克森林大学的临床心理学专家，他曾对297名人士进行了有关听取无聊对话的调查。结果显示，无聊对话排行榜的前5位分别是：

第1位：以自我为中心的对话，即谈论的全是关于自己的话题；

第2位：乏味的对话，即谈论表面的、相同的话题或者开相同的玩笑等；

第3位：缺乏情感的对话，即说话者没有激情和表情；

第4位：冗长的对话，即没有要点的长篇大论；

第5位：被动的对话，即说话者不主动提出话题。

朋友们，看到上面心理学家总结的这几点，你是否有所感触呢？相信很多人都有过这样的对话失败经历。知道你说的话别人为何不爱听了吗？太无聊、太空洞、太自我，这样的话是没法吸引他人兴趣的，所以，无聊的话题，能不说就不要说了，以免他人心生反感，与你产生隔阂。

在一个小区里，曾经有两位小伙子都想追这个小区的女孩艾米。这两个小伙子一个叫李可，一个叫阿南。虽然李可认识艾米，但是彼此之间也不是很熟悉，只是打打招呼而已。阿南只是经常在小区碰到艾米，从未有机会得以认识。李可是个很本分实在的年轻人，但也很木讷，有一次他在路上遇到艾米，于是趁此机会跟她搭讪。李可说："嗨，好巧，很高兴遇到你。"艾米同样回应了过去。李可说："今天天气很不错哦。"艾米愕然。李可又说："穿得这么漂亮，是去上班吗？"艾米说："上班？这个点上什么班啊？现在都下午四点了，我是出去办点事。"李可只能尴尬地说："嘿嘿，是的，看我糊涂的。"李可很紧张，尴尬地笑了笑。艾米觉得这个人很无趣，于是找个理由离开了。

阿南则很懂得与人交谈。他一直苦恼没有机会与艾米搭讪、接触，终于在一次周末的时候，阿南在路上看见艾米走进小区附近的一家水吧，他迟疑一会儿，也跟着进去了。阿南走到门口，看到艾米在一个角落的沙发上坐着看杂志。于是他就走上前，有点紧张地开口说："嗨，美女你好，经常在小区见你散步，今天好巧，在这里遇到你，请问你叫什么？"艾米很纳闷地抬头看着他，说："我叫奶茶啊！"她显然不想说真名，但阿南居然说："噢，好，我叫咖啡。"艾米冷漠的脸上立刻露出灿烂的笑容，"奶茶"和"咖啡"就这样认识了，后来还真走到了一起。

其实大多数人都希望成为和蔼、优雅、自信、风趣的谈话高手。如果我们能适时地纠正自己那些不合时宜的言行，对自己是一种救赎，对他人也是一种解脱。虽然有时这样做需要极大的勇气，但它能使你享受到愉快谈话的乐趣。

1.少谈论那些老生常谈的话题

莎士比亚说："第一个把女人比喻成鲜花的人，是天才；第二个这样做的人，是白痴。"如果我们总是谈论那些老生常谈的话题，那么对方就会在心里想"又来了"，然后马上找机会离开。因为没有人喜欢在无聊的话题上浪费自己的时间。

2.把话说到点子上

说话是否精彩不在于长短，而在于是否抓住了关键，是否能打动听众。听众最喜欢的是有啥说啥，直来直去。对于那些空话套话，他们不但不愿听，甚至觉得是受精神折磨，是浪费时间。

3.少谈无用的琐事

大家应当避免问一些令人扫兴、无趣的话题。尤其在与陌生宾客的初次交往中，彼此都有一定的意图，所以纯属个人生活的事情不要多谈，因为没有人会对你生活中的那些琐事感兴趣，诸如你的生活习惯、孩子的光环、近期的笑话以及家庭纠纷之类的事。

说话时，你一定要懂得把控好你的内容，如果一个话题结束了，你要适时地想出一个全新的话题，并且新的话题一定要吸引人。在进行演讲或普通交谈时，都要懂得作些变化，所谈问题要加以印证浅明的道理，使人容易听懂，这样也不会使人因为听同一种话语太久而感到厌倦。

注意沟通言辞，委婉表达更有效

阿凯这个人还不错，唯一的毛病就是说话太直。有一次，阿凯在台球馆和朋友阿磊及其他几位朋友打球。阿磊是初学者，没掌握打球的技巧。出于好心，阿凯便教起阿磊学打球。由于关系比较铁，阿凯在跟阿磊说话的过程中就没有什么顾忌可言。在教的过程中，他一会儿说阿磊“真笨”，一会说阿磊“不长脑子”。

阿磊听后，满脸的不高兴，更何况当着好几个人的面，所以阿磊感到分外地难堪。但是阿凯视而不见，继续说道：“你这小子，平时看起来挺聪明的，学起台球来怎么就是不开窍呢？脑袋里是不是全是糨糊啊！”

阿磊实在忍无可忍，反唇相讥道：“阿凯，人各有所长，你如此羞辱人未免太过不道德了吧！你能不能学着尊重人一点，这样说话实在太毒舌了。”

“我怎么毒舌了啊，你看看你总是打不好，我教你你还不高兴了。再说了，你就是笨嘛，还不让人说了！”阿凯继续这

样说道。

阿磊气得脸都绿了，最后转身就走，本来两个人的关系还不错，但从这件事情之后，关系疏远了很多。

做人固然要正直、直率，但并不意味着说话都要直白，因为不适当的语言如同反面说话一样，是一种消极和否定的语言暗示，不是使人抵触反感，就是使人顾虑重重，增加心理压力，而恰当得体的委婉说话意味着进行积极的语言暗示、防止消极的语言暗示。

寇准是北宋时期被人一直称颂的好官。他在处理国家大事时总是游刃有余，但是在与性格不合、政见不一的同事相处方面，他吃尽了说话过于直率的苦头。最为典型的是对待参知政事丁谓。《资治通鉴》记载了这样一个故事：

丁谓任中书官职时，对寇准非常恭谨。

一次朝中会餐，寇准不小心把胡子沾上了汤汁。丁谓一片好心地站起来，慢慢替他擦拭干净。

而寇准却认为丁谓这是有意巴结，竟当着文武百官的面，讽刺丁谓说："你身为国家大臣，就是替上级擦胡须的吗？"

丁谓自此记恨寇准，只要有机会就会对寇准进行诋毁，并且与王钦若、曹利用等同样受过寇准讽刺、挖苦的大臣结成同盟，共同对付寇准，经常在皇帝面前说他的坏话。

久而久之，就连皇帝也觉得寇准不会讲话，随之结束了他的政治生涯。寇准一而再，再而三地被流放，直至客死雷州。

直接的人，其实本质上是比较可爱，也是比较真诚的，没有过多的心计谋算。其实“直言直语”本来是人性中一种很可爱、很值得大家珍惜的特质，因为也唯有这种直言直语的人，才能让是非得以分明，让正义邪恶得以分明，让美和丑得以分明，让人的优缺点得以分明。但在复杂的人际关系中，“直言直语”则是一个人致命的弱点。

那么，对于说话太直的人来说，到底该如何改正自己的说话方式呢？

1.深刻认识直言直语的危害

直言对方处事的不当，或纠正其性格的弱点，这不会被认作“爱之深，责之切”，而会被看作和他过不去。因为每个人都有一个内心的堡垒，“自我”便躲藏在里面，你的直言直语恰好把他从堡垒里揪出来，这样你也自然不会受到欢迎。

2.对于他人的错误，切记委婉留面子

说话不能太直，而应该委婉，特别是在指出别人的缺点、错误时，或者批评别人的时候，委婉、巧妙的话语能让对方接受自己的意见，最终达成自己的目的。如果你懂得委婉的沟通方式，便能够顺利地与人沟通。

3.将心比心，掂量说话的分量

有些人在日常交际中，对问题缺乏理智，不考虑后果，说话没轻没重，以致说了一些既伤害他人也不利自己的话。其实，把话说得有轻有重，并非人们想象中的那么难。只要将心

比心，把对别人说的话放在对自己说的位置上想一想，就知道我们所说的话会有多少分量。

与人打交道，常会遇到一些不能直言的问题，这时不得不用到委婉的办法来解决。所谓委婉，即当我们不便、不忍，或者由于种种原因不能直接将所想告知对方时，可以用曲折的语言，将自己的意思含蓄地表达出来，让对方去揣摩深思，领悟事情的真相。

别人不想说的，有时就不要咄咄逼人地问

快毕业时，谭勇选择到一家知名外企从事管理工作。这是一家他心仪已久的公司，为了实现自己的愿望，他在很久之前就全方位地关注该公司、了解该公司。在面试中，虽然面对的是有几百名对手的激烈竞争，但凭借自己的实力，谭勇顺利地通过了笔试，接着又过五关斩六将，拿下了前两轮面试，成为最后一轮面试中被公司选中的最后几名候选人之一。

最后一轮面试由公司的总经理做考官，对应聘者进行考核，显示出了公司对这次招聘的重视程度。

谭勇是第二个进入考场的。面试过程比较顺利，总经理看起来是个很随和的人，整个面试过程中也并没有问到什么实质性的问题，不过就是一起随便聊了几句，气氛显得非常轻松，

话题也很随意。因为心理上的放松，谭勇感觉这一轮自己的发挥并不比前两轮差，他感觉自己从公司总经理的眼中看到的分明都是赞美和满意。随着谈话进入尾声，谭勇更是产生了一种胜利在望的欣喜感觉，在他看来通过这最后一关已经不成什么问题了。

可是，令谭勇想象不到的是，就在面试的尾声，就在胜利的号角即将吹响的时候，突如其来的一番话令自己前面的一切努力都付诸东流。当时公司总经理已经做出马上就要结束面试的样子，然后突然身体向后一靠，微笑着问谭勇："那您还有其他需要了解的问题吗？"看着总经理那放松的表情以及脸上的笑容，谭勇想都没想，就脱口而出："希望总经理能给我把薪水往上再提一提好吗？我来之前曾经面试了几家公司，而且都已通过，他们给的待遇都不错，比咱们这里高很多。如果你们能把我的薪水提高些，我是希望到你们公司工作的，希望贵公司能早点儿给我明确的答复。"

谭勇说完，公司总经理皱了皱眉头，随即微笑着对谭勇说："好吧，我现在就给你答复，既然你已有更好的前程，我们就不留你了。"随后总经理挥笔在那份个人资料上签署了几个字。

总经理的回答让谭勇大吃一惊，整个人都愣在了那里！"不是，总经理，不是这个意思，其实，我想说……"谭勇连忙起身想要对总经理解释什么，但不等他说完，秘书马上礼貌

地上前对他说：“不好意思，先生，您的面试已经结束。”谭勇只好收拾起材料，无奈地走向门口。

一切就这样结束了，谭勇怎么也没想到，自己竟然以这样的结局草率收场。他的心情非常复杂，懊恼、遗憾、伤心……总之一句话，失落到了极点。走出公司，站在楼下，谭勇回头看了看这座大楼——这个自己心仪已久的地方，内心有说不出的苦涩。难道渴望已久的眼看就要到手的这份理想的工作，就这么不明不白地丢掉了么？这到底是为什么？问题究竟出在哪里？谭勇百思不得其解。

朋友们，说话的过程中，有些问题是不该问的，尤其是在面试中，一不小心你可能就会失误，到时后悔都来不及。故事中的谭勇就是一个例子。问了不该问的，说了不该说的，最后只能遗憾收场。讲究说话的艺术，对于迅速有效地传递信息、塑造良好的自我形象有着不可忽视的重要作用。如果只贪图自己一时的痛快而无所顾忌地说了不该说的话，则只会给自己制造出一些不必要的麻烦。

那么，在日常生活中，与人说话时，哪些话是不可以问的呢？

1.他人的隐私问题不要问

在你打算问对方某个问题的时候，最好先在脑中过一遍，看这个问题是否会涉及对方的个人隐私，如果涉及了，要尽可能地避免，这样对方不仅会乐意接受你，还会因你在应酬中得

体的问话与轻松的交谈而对你产生好印象，为继续交往打下良好的基础。

2.听来的闲话不要问

生活中免不了闲言碎语，如果你不管听到什么都肆意到当事者那里去宣扬、去质问，那会极易惹怒对方。闲言碎语是很伤人的，不管是真实的还是被人中伤，你还是少去跟当事人重复的好，万一戳到对方的痛点，让人下不来台，感到在你面前丢了脸，那你还如何与之相处?

3.对方不熟悉的问题不要问

有些人是很爱面子的，如果你问他一些问题他答不上来，那他就会觉得很尴尬，有失体面，而你自己最后也会无趣收场。比如，你问一位医生："去年发生在本省的心脏病病例有多少？"这个问题对方很可能就答不上来，因为一般的医生谁也不会去费神地记这些数字。

4.别人不想说的不要问

如果你在与人谈话中发现别人对某个问题很忌讳，刻意避开这个话题，此时你就要明白对方的心思，不要追问下去。假如你总是打破砂锅问到底，问个没完没了，那就极易惹怒对方。既然对方不想说，那就是有隐情在，有自己的顾虑，我们应该体谅，不要咄咄逼人。

在社会交际中，我们要学会向别人提问的技巧。不懂技巧，你就无法与人顺利交流，你也无法获取你想要的信息，更

不能深入了解对方的喜好。掌握了提问的技巧，就能帮你打开对方的“话匣子”。提问也是一门艺术，不同的提问方式，会得到不同的回答效果。

贴心维护他人的面子，给他人有个台阶

汉代有个大侠，叫郭解，人品较佳，颇有名望，得到了人们的尊敬。

洛阳有两家人结怨很深，当地有名的贤达人士纷纷去调停，但都毫无起色。后来人们找到了郭解来说和。

郭解亲自拜访了两家人，弄清了事情原委，并进行了劝导。两家人有感于郭解的人品和声望，都放下宿怨，听从了他的劝解，恩怨冰释。

照常理，郭解不负所托，化解了仇怨，应宣扬一番。但郭解厚道地作了一个决定，他对两家人说：“过去洛阳当地很多有名望的人都曾调解过你们的纷争，但未能使你们达成协定，我能劝解成功只是幸运，大家给我面子。但是我是个外乡人，若是本地人出面都不能解决的问题被我解决了，这岂不是不好？未免让本地有名望的人感到丢了面子，希望大家帮我一个忙，表面上要做出让人以为我也解决不了问题的样子。我相信待我走后，洛阳本地的乡绅侠士还会上门，你们把面子给他们

吧，算是他们完成了这桩美举。”

说完，郭解连夜返回家，事后也一直说是洛阳当地的人士摆平的。再后来，人们无意中得知了事情的真相，都更加佩服郭解的为人。

人人都爱面子，人与人说话办事时，能够给别人留足面子，就等同于给他一份厚礼，其实也是为自己以后的发展铺路。有朝一日你求他办事，他自然要“给回面子”，即使他感到为难或感到不是很愿意，这便是操作人情账户的全部精义所在。

任原的顶头上司文总是个好面子的人。任原虽然知道这一点，但他在文总犯错的时候总是忍不住当着所有同事的面给文总提意见，好几次因此和文总在会场上产生争执，最后不欢而散。

任原的朋友强哥看见任原这么“执拗”，在私底下总是对任原说：“文总毕竟是领导，不管他有没有错，你都应该顾及他的面子啊！你一直这样当着大家的面驳斥他，他肯定脸上挂不住，这样你就不怕自己以后的前程受影响吗？”任原对强哥的话很不以为然，他说：“强哥，面子难道比工作重要吗？本来就是他的错，如果大家都不说，那还怎么工作！”强哥一看说服不了任原，就不再说什么了。

没过几天，任原又和文总吵了起来。原因就是文总提出了一个计划，任原完全不顾文总的脸面，当众就指出这个计划的漏洞。文总当然觉得很没面子，终于爆发了，对任原说：“任原，你是领导还是我是领导？实在抱歉，像你这样的人才，在

我们公司上班实属屈才，你另谋高就吧！”任原没想到后果会这么严重，当场就傻眼了。最后还是在一位同事的周旋下，文总才收回成命，但从此任原也别想得到任何重用了。后来，任原还是灰溜溜地离开了公司。

社交场合，你给我面子，我给你面子；你不给我面子，我也不会让你好过。这叫以牙还牙，以眼还眼。这便是人们社会交往中的游戏规则。无论恩仇，你都会得到对方的回报，这正是古语所说的“来而不往非礼也”。

人们对伤害面子的事情非常敏感，或许你曾经不小心伤了某人的自尊心，你早就忘记了，但是被你伤害过的那个人永远不会忘记。因此，在一些无关得失的小事中，要懂得维护他人的面子，不要让他人下不了台。

1.不要做一些扫他人兴致的事

对方正在兴头上，你却不看时机、不讲技巧地站出来冷嘲热讽或是给其当头一棒，这无疑是当众给他泼凉水，会让对方觉得很没面子。即使对方涵养很好，不当场发作，也会破坏彼此之间的感情。

2.不笑话他人的小失误

在社交活动中，每个人都可能不小心弄出点小失误，比如，念了错别字、讲了外行话、记错了对方的姓名职务等等。当一个人发现对方出现这类情况时，只要是无关大局，就不必对此大加张扬，故意搞得人人皆知，使本来已被忽视了的小过失一下变得显眼起来。

3.不忽略他人的感受

即使我们是对的，别人是错的，也不能完全不考虑别人的感受，让别人丢脸。我们没有权利去做或说任何事以贬抑一个人的自尊，重要的不是我们觉得怎么样，而是他觉得他自己如何。伤害他人的自尊是一种罪行。

为他人保全颜面，这是一件非常重要的事情，虽说道理都懂，但是很多人说话做事的时候总是不注意。许多人总是自以为是，做事过于苛刻，不管是对下属还是对家里的小孩，总是不留情面的指责，却不去多考虑几分钟，说几句关心的话，考虑别人的自尊是否受到伤害。事实上，如果我们这样做了，就可以避免出现许多不愉快的场合。

第05章　深度沟通，就说要掌握说服人心的方法

说话出自天性，会说话出自智慧。情商高的人，说话往往以智服人。他们平时话并不多，却往往可以一语中的；声不在高，却可以让所有人洗耳恭听。在任何沟通情境中，他们都可以随机应变，游刃有余地应对各种说话对象。

以谬制谬，让对方自己认识到错误

面对对方的谬论，我们有时可以用确凿的事实、严密的论据去反驳，而“以谬制谬”则是用跟对方同样荒谬的言语进行反击，这同样也能达到制服对方的目的。用简单的话来说，也就是当对方说出错误的言论时，不要去纠正他，而是顺着对方的错误言论，推出错误的结果。一旦结果呈现在对方面前时，对方的错误言论也就不攻自破了。

楚庄王钟爱一匹马，这匹马穿的是华丽锦缎，住的是华丽房屋，睡的是床铺，吃的是切好的干枣。后来这匹马死了，楚庄王决定用棺椁装殓它，以大夫的礼仪来为它风光大葬。大臣们议论纷纷，都认为楚庄王的做法很不妥。楚庄王不听众人的劝解，说谁敢再为葬马的事情劝说他，就要杀头，群臣都不敢再劝了。

这时，楚国田的乐官优孟大哭着走了进来。楚庄王奇怪他为什么哭，优孟回答说：“这匹马是大王最喜欢的，就凭楚国这样大的国家，有什么事情办不到？大王却只用大夫的礼仪来安葬宝马，太不够档次了，大王应该改用人君的礼仪来葬马。”楚庄王问：“怎么样用人君的礼仪葬马呢？”优孟说：“臣请求大王用雕饰过的玉做棺材，派甲士挖穴，让老人和孩子背土。齐、赵两国陪侍在前面，韩、魏两国护卫在后面。庙堂祭祀用太牢作为祭品，封给万户大的地方作为它的奉邑。”

听到这里，楚庄王已经意识到这样的方式好像太过分了，优孟见时机已经成熟，便下结论说：“诸侯听到了这件事，都知道大王您轻视人而重视马。”楚庄王一听，马上说：“寡人的过错竟到了这种地步吗？太不可思议了，我该怎么办呢？”优孟笑着说：“请大王将这匹马当作一匹普通的牲畜来埋葬吧，在地上挖个土灶，用铜铸的大鼎作为棺材，赏赐给它姜枣，再用木兰树的皮铺在棺材里，用粳米做祭品，用大火炖煮，将它埋葬在人的肠胃里。”楚庄王觉得优孟说的话在理，于是叫人把马交给了宫里主管膳食的官员。

楚庄王要给马办丧事，这本来就是很荒唐的，而将马的葬礼办得跟大夫的葬礼一样简直就是胡闹。但在楚庄王自己看来并不觉得有什么过错，因为他太爱那匹马了，面对楚庄王如此的决定，大臣们如何好反驳呢？这时优孟先不指出楚庄王的错误，而是顺着他的想法，推理出一系列结论，让楚庄王意识到

自己的想法是荒谬的，而优孟则达到了“以谬制谬”的目的。

我们在使用“以谬制谬”这个论辩方式时，应需要注意哪些问题呢？

1.必须确认对方的言论是“谬”的

以谬制谬的方式只针对对方的言论是谬的，这种情况假如你明明知道对方的言论是正确的，还使用这个方法，那无疑就是给自己难堪，因为你所推理出来的结论会证明你的言论是错误的。

2.采用以退为进的辩论

即便发现对方的言论是极其荒谬的，也不需要说破，而是先假设对方观点是合理的，然后将对方貌似合理的论点加以引申，推出一个明显错误的谬论。以其人之道还治其人之身，有力驳倒对方的观点，这样的反击才是大快人心的。

这样的沟通方法的巧妙之处在于，相当于是对方主动开口承认自己的言语是错误的，对论敌来说，无疑是自己打自己的耳光。当然，正因为如此巧妙，才会在沟通中发挥出强有力的作用，让对方没有办法还击，只能哑口无言。

利用对方的逆反心理，达成自己的目的

每个人都有逆反心理，它指的是人们彼此之间为了维护自尊，而对对方的要求采取相反的态度和言行的一种心理状态。

比如，当一个人进入青春期，可以说他开始进入一个叛逆期，经常不“不受教”“不听话”，经常与老师对着干，这样以反常的心理状态来显示自己的“高明”的行为，其实就是逆反心理。显而易见，逆反心理是一种不恰当的心理，它会令我们作出一些错误的决定。然而，在实际沟通中，我们正好加以利用，巧用人们的逆反心理，采用谈判中的欲擒故纵策略，轻松诱使对方作出利于我们的决定。

欲擒故纵，也就是为了要擒住对方，先故意放开他，使其不加戒备，然后再一举歼灭。这个策略与三十六计中的欲擒故纵有异曲同工之妙。我们想要逼迫对方无路可走，对方就会想要反击，而让对方逃跑则可以减弱其气势。当我们在追击的时候，跟踪对手不要过于逼迫他，以消耗他的体力，瓦解他的斗志，待对方士气沮丧、溃不成军，再想要去捕捉他，就可以避免流血。我们需要等待，等待对方心理上完全失败而信服我们，那就能赢得整个谈判的胜利。

在实际沟通中，我们要利用人的逆反心理，巧施欲擒故纵之计。通常情况下，我们会制造表面假象，向对方传递错误信息，从而麻痹对方，等到时机成熟之后实施反攻，给对方来一个措手不及。其实，“擒”与“纵”本来就是互相矛盾的，而在这个计策中，巧用这对矛盾，以最终的“擒”为目的，“纵”为手段，这样让对手放松戒备，掉以轻心，为己方获胜制造优势。

小张希望能尽快购买到一套合适的二手房给父母住。当小张去看第一套房子的时候，觉得各方面条件都很不错，就是价格有点小贵，似乎在这样一个地段以这样的价位买一般装修的二手房太高了。不过，小张当即对户主表达了自己急切的购买心情，谁料这样一来，在价格方面，户主更是一点也不会少了，而且劝小张说："以这样的价格购买如此舒适的房子，已经很划算的，再说你父母现在正等着房子住，买了吧。"小张差不多就快要答应了，但脑海里突然冒出"或许还能找到更不错的房子"的念头，于是，他暂时回绝了。

于是，小张又开始看房子，到第三套房子的时候，小张非常满意，这个地段距离医院很近，小区里绿化、健身设施都弄得不错，特别适合老人住。吸取了上次与户主谈判的教训，小张没有表现出自己强烈的购买欲望，而是不咸不淡地对户主说："我觉得房子还行，不过，装修好像好多年了，都有些陈旧了。"户主急忙解释说："装了大概有四五年了。"小张笑着说："以这样的装修，我想在价格上应该有商量吧！"户主摇摇头："我给出的价格应该是最低了，你想，在这样的地段，距离学校、医院都近，交通也方便，这样的价格实在不能再低了。"小张依然保持淡定的笑容回答说："我考虑考虑。"

过了几天，当中介催促付定金的时候，小张说："我前天去看中了另外一套更实惠的房子，我觉得我需要考虑一下，请您容许我再考虑考虑。"中介当即把这个情况反映给户主，

又从中做了一些说服工作，那户主也在中介的劝说下少了几万块。听到这样的消息，小张仍装作毫不在意地说："那就把这套房子定下来吧。"

在上面这个案例中，小张经历了两次谈判，前一次失败，后面一次成功，为什么？秘诀就是欲擒故纵。当我们想购买一套二手房，在谈判的过程中，一旦自己向卖方表达了强烈的购买意向，就会大大降低议价的可能性，就像小张的前一次谈判。所以，即便我们对这套房子再满意，也不要将内心的急切心情表达出来。这时候我们可以采用欲擒故纵的策略，当看到自己满意的房子，对方催促付定金的时候，我们可以告诉对方自己看到了另外一套更便宜的房子，自己需要考虑考虑。其实，在谈判中这样的潜台词就是告诉对方，假如可以在价格方面作出让步，那就有可能促成这笔交易。

1.故意表现得毫不在意

欲擒故纵，我们的第一步就是"纵"，假装表现得毫不在乎，似乎这个协议能不能成都不关心一样，你所表现出来的态度越是不在意，对方就越有可能想要与你达成这笔交易。

比如，你可以试试这些话，"张经理，这样吧，你可以拿回去跟贵公司领导商量一下，考虑一下这个价格是否可以，没有利润的项目，我想我们不会做""李总，我觉得我们合作项目没有问题，这个钱到底出多少，我也不介意，但我现在手头有两三个项目等着我考虑，这个项目对我来说，可有可无"。

假如我们说出这样的话，那沟通的压力就会转移到对方身上，他们心理压力也会变得很大，因为对方不知道我们所说的是真是假。

2.自己必须拥有一定的主动权

在日常沟通中，欲擒故纵的本质上是蓄势待发，制造守势来软化和麻痹对方，是为了最大化进攻效果的策略。因此，我们在使用欲擒故纵这个心理策略的时候，需要拥有一定的主动权，这样才能方便我方采取“纵”的手段。在实际沟通中，假如己方形势不利，如需求紧张，急切达成协议，这时对方让步的可能性就很小，我们就不容易通过让步来“纵”，也不容易通过冷淡处理对方来“纵”，因为这样很有可能伤害到自身实质利益或者导致沟通失败。

3.观察对方是属于何种类型的人

其实，使用欲擒故纵的心理策略，还需要有恰当的对象，最好是那种刚愎自用、自以为是、虚荣心强的人，假如对方是性格相反的人，那使用这个策略就可能会弄巧成拙了。

在实际沟通中，我们使用欲擒故纵策略，可以先通过积极型的方法，向对手展示通过交易可以得到的利益，而且适当让对手误以为自己拥有主动权，如果当对方放松了戒备，那就说明对方已经上钩了，这时我方可以向对方表现出无所谓的态度，而对方那自负的性格会让他受不了我方突然之间变冷淡的态度，从而主动达成协议。

沟通中根据对方性格来说服他人

中国人历来相信事在人为，几乎所有的事情都是人做出来的，因此，人与人相处，则更要以人为主。不过，若非理念相同，人们之间很容易产生“道不同，不相为谋”的隔阂。不过，问题是，那不同的理念又来自哪里呢？无非是各人的性格使然，因彼此之间的性格、脾气不同，所以才会产生不同的想法和办事性格。

在赤壁大战之后，曹操败走。对于曹操的逃亡路线，诸葛亮料定曹操一定会走乌林，取道荆州，从葫芦口往西去，由华容道回许昌，结果真的是这样。

对于诸葛亮猜测的正确，人们大多会说诸葛亮料事如神，还会作法借风，差不多是鬼神之道，难以揣测。实际上也没这么玄乎，他的神奇也是有章可循的。对曹操逃亡路线的准确猜测，诸葛亮是基于两个方面：一个是对地形的熟悉；二就是对曹操性格的了解。特别是料定曹操走华容道，假如仅仅从地形角度考虑，就会得出相反的结论。这是对曹操性格的了解促使诸葛亮作出这一判断的。

看过三国的人都知道，曹操的性格弱点是多疑。当时，摆在他面前的是两条路：一条是宽敞的大路；一条是崎岖的华容小道，华容道不是一般地难行，需要伐木叠桥。而且远远地看见华容道的高山之处有烟火，就好像有伏兵埋伏。不过，曹操

多疑，他认为那是诸葛亮故意搞鬼，放烟火吓人，认为真正的伏兵是藏在大道旁，最终，因多疑的性格，他选择了走华容道。从这里看出，诸葛亮对曹操多疑的性格可以说是了如指掌。

说到三国，我们不得不提一个因性格缺陷而死的人物——周瑜。俗话说："性格决定命运。"人们在关键时刻所作的决策往往是由其性格所决定的，而其决策则促成其命运。周瑜不聪明吗？火烧赤壁退百万曹兵，可算是一代奇才，不过，他眼里终究容不下一个诸葛亮。周瑜是诸葛亮害死的吗？非也。那是他自己的性格软肋害死了自己，诸葛亮只是起到了推波助澜的作用，是周瑜自身的性格弱点导致了自己的死亡。临死还质问老天爷："既生瑜，何生亮？"周瑜的例子告诉我们，当我们了解了谈判对手的性格，就可以顺势影响其心理软肋。

1.了解对方的性格

在日常谈判中，我们要善于用各种方法去了解对方的性格，尤其是特别全面的性格。但凡一种性格脾气，都有其缺陷、弱点，只要我们能利用这个"软肋"，那就一定能顺势操控这个人的心理，从而达到自己的目的。

2.从对方软肋下手

一个人的心理是强大的，但并不是说其心理是不可战胜的。只要我们寻找到其心理软肋，就可以从中下手，然后轻松瓦解其心理防备，从而促使整个谈判朝着利于我们的方向继续下去。

每个人的性格都是有心理软肋的，也就是说存在一些性格缺点。基于这样的道理，在实际谈判中，假如我们想要操纵一个人的心理，不妨先了解其性格，再通过对其心理软肋进行攻势，如此便能达到影响他人心理的目的。

妙用激将法“降伏”对方

逆反心理的应用，是一种极佳的激将法。为什么会这么说呢？原因是，对于有些人，在某种事情上，你禁止他做，他便会禁不住去做，尤其是倔犟的人更会如此。反之，你放手不管，说“你尽管做吧”，对方反而不愿服从，或者起了怀疑，结果就不去干了。所以说，想要达成说服的目的，你应该懂得心理战术。

其实，大家自己就有这种心理，当别人禁止你或者引导你做某件事时，你心里就容易犯嘀咕：既想接受又想反叛。反叛，就是我们大家都非常熟悉的“逆反心理”。

人际交往中我们也经常会碰到这种逆反现象。巧用逆反，可能使某些事情收获意想不到的结果。

1.善于从反面考虑问题

首先，要打破常规的思考问题的方法，要善于从反面考虑问题。如果你不把着眼点放在反面，那么，你就不可能想出这

一奇招了。这就需要大家多发散一下自己的思维，多思考多尝试，不要让思想固定在某一方面，一个思想灵活的人更容易获取新点子。

2.分清对象，区别对待

不论做什么事，采用什么战略，我们都应该懂得灵活运用，毕竟每一个人的情况都是不同的。其实，巧妙利用对方的心理，还需要有恰当的对象，最好是那种刚愎自用、自以为是、虚荣心强的人，假如对方是性格相反的人，那使用这个策略就会弄巧成拙了。

3.把握好语言的“火候”

如果说话平淡，就不能产生激励效果，如果言语过于尖刻，就会让对方反感。语言不能过急，也不能过缓。过急，欲速则不达；过缓，对方无动于衷，无法激起对方的自尊心，也就达不到目的。所以，说话时一定要掌握火候，语言不能“过”。

作为一种心理现象，逆反心理是很普遍的，这可能是出自我们内心的那一份好奇心理，由于好奇，就总是想尝试去反着做事。特别是只做出禁止而又不解释禁止原因的时候，反而更加激发了人们的逆反心理，使人们更加迫切地想要了解该事物。

如何利用苏格拉底提问法说服他人

如果一个人在谈话这方面比较有才，那他往往会在很多的时间都能让自己的目的达成并成效显著。为何呢？因为他比较擅长把握对方的心理，让对方一步步进入自己的“圈套”，这就好比是打台球，你从一个方向击球，既需要力量使它不偏离这个方向，又需要更大的力量让它碰向相反的一方。

西屋电气公司的销售经理约瑟夫·艾利逊曾经说过他这样一段经历。他说：在我主管的业务区域内，住着一位大型企业的老板。在过去的十年里，我们公司都在努力地向他推销我们的产品，却始终未能如愿。后来，我接管了这片区域，在他身上花费了三年的时间，也不见任何起色。

也许是我们十三年的不懈努力打动了他，最近，他象征性地买了我们公司的几台发动机，我认为，只要这几台发动机的品质令他满意，那么他以后一定会买我们更多的发动机，局面就会打开了。

尽管我了解我们公司的发动机的品质，不会出现任何故障，但在三周以后，我还是以检测发动机性能为名，再次去拜访他。本来我是满怀信心地去的，但事实表明，我高兴得太早了，因为受他安排而接待我的工程师的第一句话就令我吃惊。

见到我之后，那位工程师说道：“我想我们不会再买贵公司的发动机了。”

我心头一震，立即追问："为什么呢？"

工程师回答道："这些发动机散热太差了。你看看，我都不敢将手放在上面。"

我明白，如果与他发生正面争辩，我就完蛋了，不会得到任何好处，在过去我干了太多这样的蠢事，今天我需要换个方法。

于是，我说道："我完全同意你的观点，我也认为散热性能不好的发动机的确不能再买了。我想，你需要的发动机，应该是散热性能符合国家电气协会规定的标准的，对吧？"

他完全同意我的意见，回答说"是"，我得到了第一个"是"的回答。

我继续说道："根据国家电气协会的规定，只要发动机的温度高出室温的华氏72度之内，就是符合标准的，对吧？"

他点头表示同意："是的，是这样。问题是，贵公司的发动机已经超过了这个标准。"我依然没有争辩，只是继续问他："厂房现在的温度是多少？"

他想了一下，回答说："大概在华氏75度上下。"

我松了一口气，说道："厂房的温度是华氏75度，国家电气协会规定的温度是华氏72度，这就是说，如果发动机的温度在华氏147度之下，就是合理的。如果将手放进烧到华氏147度的热水中，怎么能不被烫伤呢？"

他继续回答"是"。

我说："既然如此，我认为你不要触摸发动机，就不会被烫伤了。”

他笑了起来，承认我说的是对的。就在这一天，他们又订购了我们公司价值3万多美元的产品。

2000年前的希腊大哲学家苏格拉底发明了“苏格拉底的提问法”，就是以“得到对方的‘是’的反应”的说理方法。他问的问题，都是得到反对者的同意，使对方不断地说着“是”，无形中把对方的“非”的观念改变了过来。让对方多说“是”，你就更容易消除对方的不信任；让对方多说“是”，你就更容易拉近彼此的距离；让对方多说“是”，你就更容易说服对方。

那么，如何才能在谈话中让对方不断说“是”，作肯定的回答呢?

1.不要一开始就说些模棱两可的事

所以，在和别人交谈时，不要一开始就谈论一些模棱两可的事情，一定要强调你们都坚持的事情。记住，一定要不断地强调它，强调你们双方都坚持的目标。引导对方意识到，即使你们在一件事情上有不同的意见，也只是在方法上不同，而不是目标。

2.选择性提问，让对方进入你的“圈套”

在一个问题中提示两个可供选择的答案，两个答案都是肯定的，让对方没得选。例如，想要与对方约定见面，可以问：“您看我是明天上午十点还是十一点过来接你？”很多问题都

可以设计成这样的方式，尽量让对方给出一个肯定的回答。

3.说服中要掌握好对方的情绪

在说服过程中，掌握好对方的情绪也非常重要。在说服的过程中有很多理由让对方说不，但对方也有自己的看法，如果发生冲突，又没有控制好情绪，往往会造成两败俱伤的结果，更不要提可以成功地说服对方了。

在谈话时，如果对方一直作否定回答，那么这场谈话就很难继续下去了。他的立场和“自尊心”都源于此。因此，有时，如果我们与他人打交道时得不到对方一个“是”的回应，我们最好想方设法地不让对方说出“不是”这个词。

第06章　深度沟通，就要懂得如何打圆场

生活中，尴尬的事时常发生，稍有不慎就会出岔子。没有人会喜欢难堪的场面，情商高的人，说话会打圆场，他们善于运用智慧与应变能力，化解尴尬于无形之中，不仅可以解救自己，还可以让他人摆脱难堪情境。

机动灵活，遭遇尴尬时巧妙打圆场

在日常交际中，人们常常因固执己见而争论不休，因为一句不适当的话而冷场，或者因为突发状况而形成难堪情境，各种原因都会造成僵持的局面，难以缓和的气氛横亘在交流双方之间，整个场面就如同冰山一般冷掉了。这时候，不管作为当事人或者局外人，都需要适时地说几句话来打破僵局，化解尴尬的气氛，使交流得以正常地进行下去。

有一次，小娜和几个同事一起去参加省里的业务考试，当她们走进考场时，只见阿梅的桌子上钉有三颗大钉子，且凸出很高。不难想象，这不仅会刮衣服，同时也会影响答题的速度。阿梅一脸的怒气，要求监考老师换桌子，可监考老师说："现在不能换，别违反考场纪律！"阿梅气得柳眉倒竖，连说："真倒霉，不考了。"小娜见了连忙说："有几颗钉子

算什么！”阿梅说：“你说得轻松，这可是三颗钉子，躲都躲不过去呢！”小娜说：“你太幸运了，我还求之不得呢！”阿梅说：“你别拿我开心了，这么倒霉的事要让你碰上，你还能说幸运？”小娜说：“你知道这三颗钉子说明了什么吗？这叫板上钉钉！说明你今天的三科考试铁定都能过关。”阿梅听后马上转怒为喜：“借你吉言，我要是三科都及格了就请你吃饭。”结果一个月后发布成绩，阿梅果然三科都顺利过关。

本来桌子上有三颗大钉子是令人生气的，更何况还需要坐在这里考试？这时候，小娜为了打破僵局，在阿梅愤怒不已的时候，将“板上钉钉”的俗语与考试联系了起来，积极地联想，冒出吉言“三科考试铁定都能过关”，这话正好说到了阿梅的心里。于是，僵化的气氛化解了。

20世纪50年代一次中国的国宴中，外宾见一盘肉汤菜中的笋片的样子是法西斯纳粹的标志的形状，感到迷惑不解，于是询问周总理。周总理一看，发现是民族图案“万”翻滚后形成的，便解释说：“这不是法西斯标志，是中国传统图案，叫‘万’字，象征福寿绵长，是对客人的良好祝愿！”接着他又风趣地说，“就算是法西斯标志也没有关系嘛！我们大家一起来消灭法西斯，把它吃掉！”听了这机智巧妙的解说，外宾哈哈大笑，气氛更加友好热烈，这道汤菜很快被吃了个精光。

由于中国传统图案“万”字符与法西斯的标志相似，造成了尴尬的局面，在外事交际活动中，出现这样的事情当然令宾主都很不悦。这时候，随机应变的周总理将严肃问题诙谐化，解释了“万”字，而且号召大家吃掉“法西斯”，简单的几句话打破了僵局，也令僵化的气氛活跃起来。

在日常交际中，如何才能利用三言两语打破僵局呢？

1.幽默解说

在交际场合，过于严肃和枯燥的气氛往往不被人们所接受，这时候就需要用幽默的语言把它变得灵活些、有趣些。有时候，一个敏感的问题就使整个场面僵掉了，甚至妨碍了正常交际的进行，这时候就可以通过幽默的解说将问题诙谐化，打破僵局，使交际得以顺利进行。

2.强调问题的合理性

有时候对方可能是因为在特定的场合做出了不合时宜、不合情理的举动，这令旁人看起来很费解，导致了整个局面的僵持，这时候我们就需要自己找一个角度或借口，强调对方行为的合理性，这样就能打破僵局，缓解气氛。

3.利用谐音巧解

有一个货车司机的车牌号码是“16444”，亲戚朋友都说这个数字不吉利，车主一下子无言以对，这时候，有人却说，“大爷，你这个号码好，它们可以理解为‘多拉发发发’，只要你多拉货，就一定能发财”，利用谐音巧解，打破了僵持的局面。

4.逆向思维

面对突如其来的尴尬局面，当事人无可奈何的时候，我们

可以跳出固定思维，从问题、事情的反面去思考，作出让双方都满意的解释，打破本来僵持的局面。

其实，生活中难免发生一些猝不及防的事情，这会让当事人遭遇尴尬或不快，甚至引发不必要的麻烦，轻则令人恼心，重则在心里结下疙瘩。在这时候，如果利用突发事件与语言之间的玄妙之处进行机智的解答，就会使当事人转忧为喜，也会整个紧张气氛得以缓解。所谓峰回路转，有时只需要三言两句就可以打破僵局，通过语言影响他人心理，为大家营造愉快的气氛。

巧妙沟通，化解难堪局面

汉武帝时期，韩安国是御史大夫，掌管监察、执法之事。有一次，大臣窦婴与田蚡为了要不要给一名叫灌夫的将军定罪发生了争执，事情不大，可争执双方地位特殊，牵涉面颇广，汉武帝决定在朝堂上公开评判是非。

当问及韩安国的意见时，他可为难了。窦婴是武帝的表舅，他的姑姑便是武帝的祖母窦太皇太后；而田蚡是武帝的亲舅舅，他的姐姐是武帝的母亲王太后——都是皇亲国戚。虽然他明知在这一案中过错不在窦婴一方，是田蚡挟嫌报复，可太皇太后已死，窦婴早已失势，免官家居；而田蚡呢，是当朝丞相，又有王太后作靠山，正炙手可热，他又怎么敢得罪？于是

回答道："窦大夫说灌夫为国立了大功，是天下壮士，没有大的过错，只不过酒后犯性，没有必死之罪，这话是对的。田丞相说灌夫交结不法之徒，横行乡里，欺凌百姓，丞相的话也是实情。究竟该如何处理，请陛下明断。"

就这样，他双方都不得罪，把矛盾上交给了皇帝。

在社会交际活动中，由于交际双方彼此缺乏了解以及种种突发事件的存在，往往会导致冲突、争执或僵持场面，这个时候如果没有人站出来打打圆场，那么就很可能陷入尴尬甚至没法收场。不管是当事者还是旁观者，如果你想化解这样的局面，就需要有一定的口才专长，把话说得巧、说得妙。

矛盾是充斥在这个世界的每一个角落的。工作及生活中的摩擦、冲突甚至于矛盾都是不可避免的，但发生冲突并不是世界末日，关键在于要及时、巧妙地化解。一句话：有冲突并不可怕，可怕的是不能巧妙地化解。如果不能化解，就可能导致严重的后果。

朋友们，如果你们面临争执或者是冲突的问题，你将如何用言辞巧妙地脱险呢？

1.远离无谓的冲突

冲突毕竟至少要有两个人，如果其中的一个人避而不谈这个事情，冲突就会烟消云散了。比如，你偶然听到你的同事在和其他人喋喋不休地说着你的坏话，这时你突然现身，一场争吵就在所难免。如果假装没有听见，然后远离他们的谈话，那么至少可以避免一场冲突。

2.说话幽默一点

幽默是人们在社交场合中的“最漂亮的服饰”，在日常生活中起着点缀、调节的作用。幽默不仅能为你赢得广阔的人脉，助你摆脱尴尬与窘迫，更能像润滑剂一样，降低人际交往中的“摩擦系数”，化解冲突和矛盾，使人们能从容地摆脱沟通中可能遇到的困境。

3.积极主动灵活处理

工作及生活过程中可能会遇到各种各样意想不到的问题，灵活地处理是十分重要的。在和对方产生一些利益上的纠纷，使双方关系变得紧张和冷淡的时候，要学会主动与对方改善关系。创造一个良好的工作氛围，既有利于提高工作效率，也有益于人的身心健康。

与他人有冲突时，非要和对方分个高低胜负，表现出不可一世的样子；如果自己一方占理的话，更是得理不饶人——这种表现只会让对方对你敬而远之，觉得你是个不宽容的人，以后，他也会在心中时刻提防你，这样你可能会失去一大批朋友的支持。

思维灵活，弥补语言错误

所谓言多必失，意思就是说在人们说话比较多的情况下，难免会出现口误。正如人们常说的，人有失足，马有漏蹄。在

这个世界上，绝没有十全十美的人，也没有说话无懈可击、毫无破绽的人。毕竟说话的时候只是上下嘴唇一碰，有的时候因为嘴巴僵硬了，顺口而出的口误也是难以避免的。当然，更因为语言是人们内心的表现，所以很多时候人的思想、观念出现错误，也会导致人们的表达出现失误。在这种情况下，一定要想方设法及时补救，千万不要一错再错，最终铸成恶果。

尤其是现代社会，生活节奏越来越快，工作压力越来越大，人们长期处于精神紧张之中，难免遇到事情会有过激的反应，也可能因此导致祸从口出。此时，最重要的不是抱怨自己，而应该保持冷静和镇定，想办法弥补失误。然而，民间还有句俗话，叫作说出去的话泼出去的水。尽管覆水难收，我们也很难彻底消除错话带来的影响，将其从受到伤害的人心中拔出，但是我们可以使用妙言妙语，在第一时间里把错误弥补好，使其天衣无缝。不得不说，这样的弥补难度很大，不但需要我们拥有机智灵活的思维，而且需要我们能够恰到好处地运用语言。

作为一名空姐，小薇在正式走上岗位之前，不但进行了很多方面的相关训练，而且专门接受了语言训练。毕竟，当飞机飞到空中，空姐就必须负责处理很多危急的突发情况，尤其是当旅客心情不佳发生口角时，空姐更应该安慰旅客，使其恢复平静情绪的。即便如此，小薇在真正工作的过程中，也时常出现口误，因而学会补救口误就显得至关重要。

有一次，小薇和平日里一样，把旅客当成上帝一样尽心尽职地为其服务。飞机起飞不久，作为空乘，小薇开始询问旅客是否需要早餐，因为飞机上即将开始供餐。当她问到一位中年夫妇他们的小小幼儿是否需要牛奶时，男旅客回答："谢谢，不需要。我们的宝宝吃的是人奶。"也许是因为走神，也许是因为紧张或者是其他原因，小薇没有听清楚这位旅客的回答，依然彬彬有礼地说："好的，如果您的宝宝需要用餐，请及时通知我。"这位男性旅客听到小薇的回答，惊讶极了，想了一会儿又突然哈哈大笑，小薇窘迫极了，站在那里不知所措。思来想去，她灵机一动地说："当您的宝宝需要用餐，我会带着您的爱人和宝宝一起去私密的空间里，让您的爱人进行哺乳。"这样的回答，及时挽回了刚才的尴尬。

作为一名空姐，小薇每天的工作就是和旅客打交道。面对不同的旅客，小薇当然也需要及时调整自己的服务语言。在这个事例中，小薇因为没有听清楚旅客的话，所以回答问题出现失误，导致自己非常窘迫。幸好，她及时想到弥补的办法，以"带着母婴去私密空间哺乳"为由进行周全，最终不但消除了尴尬，也使得自己的服务更显细致入微。当然，这只是口误给人带来尴尬的情况，有些时候，口误还会带来严重的后果，给人们的生活带来困扰。在这种情况下，就更应该及时弥补口误，才能保全自己和他人的颜面，并使得事情得以圆满解决和平稳度过。至于生活中那些宁愿继续坚持口误也不愿意及时补

救错误的人，他们必然付出惨重的代价。

一般情况下，弥补口误也是有方法的。当然，这一切都要以说话者的随机应变为基础。首先，说话者可以采取转移的方法，把已经表达过的错误观点转嫁给一个不相干的人，或者是不知名的人，从而更正自己的说法。其次，还可以采取及时转折的方法，在意识到自己的错误之后，马上改变话头，说出正确的观点，此外，也可以以弥补的方式进行。最后，还可以使用延伸意义法。顾名思义，这个方法的要点在于，在进行错误的表达之后，马上对其意义进行延伸，使其变成正确的意义。不过需要注意的是，在表达的时候也不可过于牵强附会，一定要采取恰到好处的言辞，进行平缓地过渡。否则，就会欲盖弥彰，使得后果更加严重。总而言之，人无完人，金无足赤，每个人在说话的过程中难免会出现失误。在这种时候千万不要慌张，因为不知所措是无法弥补错误的，只有保持镇定和冷静，才能及时想出好方法，果断补救。

话题陷阱前，如何巧妙躲开

在漫长的人生之中，每个人都难免会遇到困扰，落入无处可逃的困境。在这种情况下，旁观者往往很难伸出援手，毕竟并非所有的困难都可以与人分享。诸如在与人交流的过程

中，我们突然遭遇话题陷阱，这时难道能够终止交流，去申请求助吗？当然不能。我们唯一能做的就是根据当时的情况及时应变，从而帮助自己解围。举例而言，当被他人问及你的能力与他人相比谁更高时，这毫无疑问会使你陷入进退两难的境遇中，贬低自己心有不甘，贬低别人导致树敌，这可如何是好呢？其实，这个误区之所以存在，是因为人们被选择性提问禁锢了思维，不由自主地想要在他人和自己之中作出坚定不移的选择。假如我们的思维很活跃，就会发现可以不按照选择题的方式回答这个问题，而将其作为简答题，针对各人的优缺点进行简单的阐述。至于到底谁的能力更胜一筹，那就让听话者自己去琢磨，做出最终的结论吧！

作为普通人，我们尚且经常遇到这些使人为难的话题陷阱，作为公众人物，那些成功人士更是经常遭遇这种进退两难的境遇。不过，大多数成功人士都有着很高的情商，也能够做到从容应对。当然，有些话题陷阱是被人故意提出来的，有些话题陷阱则是无形中出现的，对于提问者不同的初衷，我们也应该进行区别对待。因为这两种不同初衷的提问者其实是有着不同诉求的，唯有更好地了解他们的心理，掌握他们的感情需求，才能更好地满足他们的诉求。很多时候，他们之所以提出这种问题，并非真的在乎答案，也可能只是为了得到想要的结果。

小孟已经和女朋友菲菲谈了一年多恋爱，眼看着要开始谈婚论嫁，双方父母也彼此见过面了。在小孟向菲菲求婚的那天晚上，菲菲突然提出了一个问题：“如果我和你妈妈同时掉进河里，你先救谁？”小孟一听到这个问题头就大了，因为自古以来这个问题的确难倒了很多英雄汉啊，更是把很多英雄汉都拍死在了沙滩上。为此，小孟赔着笑脸回答：“你不是会游泳吗？”菲菲嗔怪地说：“如果我们俩都不会游泳呢？”小孟说：“那我就救距离我最近的那个，这样成功率是最高的。”菲菲又说：“那如果我们俩距你一样近呢？”小孟想了想，说：“老婆，你是我在这个世界上最爱的人，妈妈又是辛辛苦苦把我养大的人。如果你们俩都不会游泳，又离得一样近，那么我就先救妈妈，我救完妈妈之后，再去救你，若救不了你，那么我就和你一起去死，生生世世地陪伴着你。”

听到小孟悲壮的回答，菲菲感动不已，说：“放心吧，亲爱的，我也会游泳，我会和你一起救妈妈的，我可不想让你陪着我一起死，我还没过够和你在一起的甜蜜生活呢！”

不知从何时开始，老婆和母亲同时落水先救谁的这个话题就被提出来了。面对这样为难的话题，很多男子汉都被难倒了，因为不管怎么回答，都面临着两难的选择，因而这个问题也就成为真正的话题陷阱，被无数女孩拿来考验男友对自己的爱情。殊不知，这个话题根本没有选择的共性，对母亲的爱和对妻子的爱是完全不同的，也是不冲突的。从这个角度来说，用这个问题去考验男友的女孩，都未免有些情商太低。但是即便是如此的指责，也无法劝阻女孩们不再继续提出这么弱智的

问题，因而众多优秀的男士在不断地讨论之中，最终得出了如同上文的小孟一样悲壮的回答。

从本质上来说，这个问题中所描绘的情形基本不可能发生，即便母亲和妻子真的一同落水，也不会是在同一地点、远近相同。因而，作为妻子更想要的是验证男友对自己的爱。男友愿意在尽孝之后陪着自己去死，也可谓是感天动地了，她们在得到如此悲壮的回复之后，马上恢复理智，坚决不允许这样的情况发生。对于聪明的男士而言，这种回答尽管悲壮，却最容易过关。当然，我们在生活中面对的话题陷阱千奇百怪，各种各样，我们必须足够聪明机智，才能及时给出使人满意的回答。这也从另一个角度说明，语言表达绝不仅仅是嘴巴上的事情，而是大脑经过深思熟虑的慎重选择。我们唯有保持清醒和理智，才能避免尴尬，才能够变被动为主动，从容理智地解决问题。

第07章　深度沟通，大胆将“不”字说出口

《人间失格》有一句话：“我的不幸，恰恰在于我缺乏拒绝的能力。”当一个人总是接受别人的请求，这不仅是一种没有底线的行为，而且表现出自己没有大局观念。情商高的人，敢于大胆说不。

巧妙拒绝，“不”字也能说得不伤感情

中国人受传统思想影响，在说话时大多时候是含蓄的、委婉的，即便是在拒绝别人的时候。不过，就算是我们擅长于委婉说话，但在现实生活中，还是不乏一些心直口快的直爽人，对于这样性格的人来说，应该记住拒绝不要太直白，容易让对方心生怨恨。拒绝是一种艺术，既能巧妙达到拒绝的目的，又不至于让对方心里产生不快的情绪，这才是高明的拒绝。

通常而言，太过直白的拒绝往往是伤害人的，不仅严重打击对方的积极性，而且会令对方心生怨恨。拒绝，意味着否定了他人的意愿或行为，太过直接，就会伤害到对方的自尊心。

1.委婉的拒绝更适用

我们不建议用直接的拒绝方式，如这两种拒绝方式：“我不吃日本料理。”“附近还有其他特色餐厅吗？我不太习惯吃

日本料理。”前一句更像是一句带着刺的话语插进对方心里，典型的自我中心践踏了别人的一番好意；而后一句则委婉地表达了自己的想法，别人也会更容易接受。

2.艺术性地拒绝

在日常生活中，我们需要拒绝，也要发挥自身特有的魅力，也就是需要说“不会让对方伤心的拒绝话”，艺术的拒绝方式让对方感受不到一点伤害，反而会理解你的处境。当别人对你有所求而你却办不到的时候，你不得不说“不”，当然，拒绝并不是以伤害他人为目的，而应以和为贵，尽可能在不影响两人关系的前提之下进行。虽然拒绝是很难堪的，但在不得已的时候还是会用到拒绝，事实上，只要你能够很好地运用拒绝的艺术，它最终带来的并不是尴尬而是和气。

当我们开始说不的时候，态度必须是委婉而又坚定的。委婉地拒绝比直接说“不”更容易让人接受。比如，当同事提出的要求不合公司部门规定的时候，你可以委婉地告诉对方你的权限，自己真的是爱莫能助，如果耽误了工作，会对公司与自己产生冲击。

领导的要求，也要动得说“不”

许多职场新人都怀有一种心理，认为唯命是从才能讨老板的欢心，以至于在工作中只会说“是”，从而给自己带来了很

多烦恼和麻烦。量力而为是我们懂得的道理，纵使是平时对自己十分照顾的老板委托的事，自觉做不到，你也应该明确地表达态度，认真地说一声：“抱歉，这个我做不到。”

经理常常在会议上夸奖严越越：“越越办事靠谱，我放心。”

严越越进公司两年了，是经理的得力助手。可是最近严越越很不开心，经理现在把自己当成超人了，交给她的任务越来越多。严越越手里的事情多到了加班加点也做不完，而周围有些同事却闲得两眼发呆，最可恶的是，自己的薪水却没有因此而提高，经理的那些话看来只是对自己精神上的麻痹，想让自己心甘情愿地为他做牛做马。

后来，严越越更是听人事部的一位领导说，关于她升职的事，中层主管会讨论过很多次了，每次都被她上级经理否了，那位领导的一番话惊醒了严越越这个梦中人：“越越啊，你要是升职离开他，他估计是找不到像你这样唯命是从的下属了吧？”

于是，严越越开始了“反击战”。一次经理说：“越越啊，李总那有个单子，你一定要拿下啊！”

严越越一脸诚恳地说：“经理，上周你已经给了我两个大的项目，我还没弄完，这几天一直在赶呢，如果再加一个，恐怕时间不够。”

经理的脸立刻变了色：“可是，李总那边你之前接触过，熟悉啊！”

“经理，那我这几天继续加一下班，再赶赶吧，但是如果

让我保质保量地完成也的确有困难，您看，要不找几个人一起帮帮忙？”严越越向经理建议。

经理惊讶地看着她，继而笑着说：“嗯，我想想看。”

没想到，那以后，虽然没有给严越越增配助手，经理对严越越的态度却好起来了，还经常跑来关心严越越的工作进展，并叮嘱她有困难就提出来，另外，把一些工作也分担给了其他的同事。

作为下属，相信你经常会遇到这样的尴尬：领导给你安排额外工作，而这些工作又大多不属于你分内的事。接受吧，会扰乱你的计划，而且不能保证很好地完成；拒绝吧，又怕驳了领导的面子。这时，你就要善加考虑，理智地对领导说不。如果你不懂得说不，你不仅做不好分外的工作，连你自己的本职工作也会处理得一团糟。

每个成熟、自信的人都懂得，人有说“不”的权利，在上级面前也是，这并不是一种反叛，在理解尊重的前提下说“不”，反映的是自己对工作认真负责的态度。但对上级说“不”要注意方法，避免和老板正面冲突，要表明自己是为公司和大家的利益才这样做的。

那么，你该如何巧妙的对你的领导说“不”呢？

1.让领导明白你已尽力

对领导来说，被员工当众拒绝是自尊心与自信心的双重打击。当领导提出一件让你难以做到的事时，如果你直言答复做

不到，可能会让领导颜面尽失，也会让他觉得你压根不想做。这时，你不妨先缓一缓，事后再跟领导说："我已经尽力了，这个工作我实在做不了，很抱歉。"相信你的真诚一定能得到领导的谅解。但是，你也要分情况看待，万一此事很着急，你就不要客气，因为很多工作是耽误不得的。

2.用事实为自己证明

在拒绝领导的要求时，我们可以用事实来说话。比如，当领导分派额外任务时，如果我们确实无法抽身，一定要说明自己当前的工作状况，让领导理解我们并不是因为不想做，而是因为实在抽不开身无法去做，相信我们的实情一定不会让领导产生猜忌。

3.让领导明白你是个有原则的人

聪明人懂得办公室生存要学会变通，更要坚守一定的原则。工作中应该学会服从上司的安排，更要学会以诚相待，不卑不亢，该拒绝就拒绝。拒绝上司并非一定是坏事，许多时候能让上司发现你的成熟踏实和个人的尊严，让他对你产生敬意。

4.提出你的质疑和建议

当领导定下"疯狂"的工作期限时，你只须解说这项工作内容的繁重，并举例说明同样的工作量将需要领导规定的限期的几倍，给领导一定的考虑和决断的时间后，再要求延期。假若限期真的铁定不改，那就要求聘请临时员工。

说"是"还是说"不"，这都是你自己可以决定的事情，

因为你有这个权利。但绝大多数人总是觉得自己是在给老板打工，所以总是想老板之所想。其实，你做事情不是为你的老板，而是为你的公司。你拥有这个项目，你就拥有权利。你应该相信，在你自己的领域里，你比老板懂得多。

因人而异，不同的人采取不同的拒绝方式

人生在世，不管能力多么强，都难免会遇到仅凭一己之力无法战胜的困境，在这种情况下，自己扛不过去了怎么办？其实很好办，所谓众人拾柴火焰高，我们一定要学会向他们求助。也许对于我们不擅长的事情，他人恰恰很擅长，不费吹灰之力就能完成。这样一来，我们就可以与他人取长补短，在他人需要的时候，也如此慷慨大方地给他人以援助，这样彼此的力量都会增强，也就能够相互扶持和成就。

人与人之间的帮助是相互的，不但我们常常会有求于人，他人也会因为自身能力不足，面对他们不擅长的事情时，求助于我们。这样一来，我们每个人都需要他人的帮忙，也常常面对他人的求助。毋庸置疑，在需要他人帮忙时，我们迫不及待地想要得到他人的帮助，但是在面对他人的求助时，我们未必每次都能慷慨地伸出援手。有的时候，是因为我们的能力不足，有的时候是因为我们自顾不暇，也或者是因为其他的原

因，总而言之，我们竭尽所能地帮助他人，却无法做到有求必应。归根结底，每个人都有心有余而力不足的时候，残酷的现实也禁锢了我们，使得我们无法如愿以偿地做成任何事情。由此一来，我们就面临着如何拒绝他人的难题。

在拒绝他人时，假如我们直截了当，毫不掩饰，虽然能够达到开门见山的效果，但是难免会伤害那些心中怀着希望的人。还有些人明明能力很强，就是不愿意帮助他人，拒绝他人时也不讲究方式方法，因而导致他人被拒绝之后，对其心怀怨恨，由此成为敌人，可谓得不偿失。毫无疑问，你是否选择帮助别人是你的权利，但是以拒绝为机会伤害他人的心，就是你的不对的。要想让他人愉悦地接受我们的拒绝，不管什么时候都与我们成为好朋友，就需要我们更好地组织语言，以恰到好处的方式拒绝他人。

作为大学同学，小静和乔乔也是闺蜜。大学毕业后，乔乔回到家乡当了一名旱涝保收的老师，小静则去了深圳，四处奔波找工作。在最难的时候，小静甚至没钱吃饭，不得不住在连手机信号都没有的阴暗地下室里。而乔乔则在家乡过着悠然自得的生活，每天朝九晚五，按部就班。直到一年多以后，小静的工作才稍微有些起色，工资也涨了一些，这才比乔乔挣得多了点。看到小静独在异乡为异客，也没有太多的收获，乔乔几次动员小静回到家乡，但是小静始终没有动摇。

转眼之间，五年的时间过去了，小静已然在异地打拼出

了属于自己的天地。她如今已经成为一家企业的中层管理者，不但月薪过万，而且开始筹备买房。不过，深圳的房子很贵，尽管月入过万，还月供不是太大的问题，但是小静缺少首付。这时，她想起来在家乡的好朋友乔乔，因而和乔乔开口：“亲爱的，你工作这几年有积蓄吗？家里开销小，吃住都在家中，应该能攒下一些钱吧！”乔乔听到小静这么问，意识到小静也许是有求于自己，但是想到自己的钱已经都借给弟弟了，因而赶紧把话说在前面：“别提了，我之前是有些积蓄，而且结婚的时候婆家给的见面礼什么都存起来了。但是我弟弟上个月结婚了，我爸妈为了给他买房、操办婚事，把所有的积蓄都花光了，四处借也没借到，就把我的钱也拿去用了。我七拼八凑还借了一部分，才给他们凑了十万块钱。”听到乔乔的话，小静也没有了下文，她是知道的，乔乔的弟弟只比乔乔小两岁，正是结婚的年纪。这时候，乔乔问：“亲爱的，你是缺钱了吗？”小静把自己买房的计划也简单说了说，乔乔说：“亲爱的，你现在要钱我的确是没有。不过要是你能等，我到年底的时候应该会有几万块钱。我和我丈夫的绩效工资都要等到年底一次性才发。”

听到乔乔主动说出这些话，小静高兴地说：“亲爱的，你真好。你的心意我领了，不过大城市房价长得快，我想我还是赶紧借钱买了。不过，有你这句话，我就觉得很满足了。”就这样，小静继续四处想办法筹钱，根本没有抱怨过乔乔，反而

为自己有这样的好朋友感到幸运呢！

在这个事例中，小静和乔乔借钱，原本没有借到钱应该心中郁闷，但是乔乔的拒绝之词说得有理有据，而且小静的确知道乔乔所说的情况，再加上乔乔主动提出年底会有几万块钱，向小静证实了自己眼下其实很想帮助她，只是心有余而力不足而已，最终赢得了小静的谅解。小静当然也很清楚，现代社会要想借钱是很难的，不是绝对地信任，根本借不到钱。为此，她虽然没有从乔乔那里得到切实的帮助，却感到非常满足，也很感激这个对自己真心诚意的好朋友。

朋友们，在拒绝他人的时候，我们当然有着各种各样的理由和借口。在拒绝他人时，我们一定要耐心地说清楚原因，或者只是因为不乐意付出就拒绝他人，也应该制造合理的借口，千万不要直截了当地告诉别人："我有能力，但就是不想帮你，你能怎么着？"否则，对方一定会对你感到非常失望，甚至因此抱怨你、怨恨你。人都是要面子的，尤其是当一个人向他人张口求助时，更是鼓足了勇气。因而，我们不管是否帮助别人，都要顾全他人的颜面，不要最终没有帮助他人，反而伤害了他人的自尊，那就不好了。当然，拒绝的技巧有很多，列举自己的实际困难、证实自己的确心有余而力不足，只是其中的一种方式。除此之外，我们还可以使用抬高他人、贬低自己的方式，这种方式同样能够避免他人心生抱怨，甚至令其被拒绝了也依然感到很开心。当然，每件事情的情况都是不同的，

我们面对的每个拒绝对象也是不同的。要想让拒绝达到最好的效果，我们必须根据事情的实际情况和拒绝对象的脾气秉性，采取最为恰当、有效的方式。

语言暗示，有些话不必明说

如果不采取恰当的方式，直截了当地拒绝别人，无疑是会让人受到伤害的，甚至彼此间的情分也会荡然无存。那么我们应该如何做，才能在顾全对方颜面、保全对方尊严的情况下拒绝他人呢？一个高明的拒绝者，在拒绝他人之后，非但不会让对方对自己怀恨于心，而且会让对方理解和体谅他，意识到他的确是有苦衷，否则一定是个热心肠。

当然，当拒绝的话说出口之后，就像泼出去的水一样，不管给对方带来怎样的伤害，都难以收回和弥补。因而，我们要想防患于未然，最好的办法就是在事情还未真正发生的时候，以暗示的方法使得对方知难而退。如此一来，既然拒绝从表面来看已经不复存在，对方自然也就不会因为被拒绝受到伤害，更不会为此而埋怨我们不近人情了。

大学毕业后，小马之所以选择来到这个陌生的大城市，就是因为他的姑姑一家在这所城市定居了。为此，小马的爸爸妈妈还特意带着很多家乡的特产，来到城市里拜见妹妹一家人，也顺便把小马正式托付给妹妹。爸爸已经很久没有与妹妹见面了，因而这次重逢显得分外亲热，也很热闹。妹妹也当即向哥哥表示："哥嫂，把马驹子放在我这里你们放心，我一定待他如同亲生儿子。"在没有找到工作之前，小马的确在姑姑家住了几天，后来一找到工作，懂事的他就马上搬了出去。姑姑家也有两个孩子，一个儿子一个女儿，房子又小，他可不想影响姑姑一家的正常生活。拿到第一个月工资之后，小马还特意买了很多好吃的，孝顺姑姑姑父。

转眼之间，小马在这个城市已经工作五年了。在这五年的时间里，他不仅工作上大有长进，而且也交了个女朋友，如今已经把结婚的事情提上日程了。然而，女朋友的妈妈提出必须有房子才能结婚，否则怎么置办结婚的家具呢？为此，小马盘点了自己工作五年来的积蓄，发现距离去郊区买套最便宜的房子还差十几万呢！思来想去，在老家地里耕作的父母肯定没有钱，小马只好动起了向姑姑求助的心思。一个周末，小马拎着水果和礼品来到姑姑家，和姑姑闲谈时，他说："姑姑，我最近准备结婚了，就是遇到点儿麻烦，小薇的妈妈非要求我买房子，我把下个月的工资都数上了，还差十几万元呢！"这时，姑父与姑姑对视一眼，说："小马，大城市的房子贵，你说的这首付差十几万的房子一定偏僻吧？"小马点点头，说："在郊区呢，下了地铁终点站还得再坐公交车走几站。"姑父竖起大拇指说："真不错，那你能够凑出一部分首付也很了不起

啦，比你表哥强多了。你表哥工作十年，前段时间买房子居然一点首付都没有，全都是我和你姑姑掏的钱，我们把棺材本都拿出来了，还借了很多钱，也得用我们的退休金慢慢还。指望你表哥是指望不上了，他媳妇马上要生孩子，到时候又得好几万的开支，这还没着落呢！”听了姑父的话，小马很清楚姑父的意思。的确，既然表哥刚刚买了房子，怎么可能有钱借给小马呢！想到这里，小马突然改变注意，绝口不提借钱的事情，在姑姑家吃完午饭就告辞了。

在这个事例中，小马原本准备向姑姑家借钱，买房结婚，但是领悟到小马的来意之后，姑父马上把“丑话”说在了前头，暗示小马，他和姑姑辛苦积攒一辈子的棺材本都拿出来给儿子买房了，如此一来，聪明的小马当然不会再自找难看，也因为请求还未说出口，他与姑姑姑父都不觉得难堪。

与其等到他人把请求说出口再拒绝，不如在他人还未明确说出请求的时候，就把“丑话”说在前头，从而使他人知难而退，再也不动非分之想。这样一来，我们既能避免拒绝他人的尴尬，也能保全他人的颜面，还不损伤我们与他人之间的情分，可谓一举三得。当然，这么做的前提是我们能够察言观色，准确洞察他人的心思，可千万不要自作聪明，以己度人，否则就会闹出大笑话。

第08章　深度沟通，就是运用赞美之法

事实上，每个人都喜欢听到别人赞美自己的话，但并不是所有人都喜欢去赞美别人。情商高的人善于赞美别人，更知晓赞美的力量，这可以给良好人际关系带来很多便利。赞美要自然、顺势，从而给对方意外之喜。

赞美要具体，更显真实

一个人若是学会了赞美，往往能够使他受益无穷。在日常交际中，我们经常感受到赞美的魔力——不仅能打动他人，也能使自己获得友情和帮助。人总是对自己最感兴趣、认为自己最重要，希望被人赞美，因此，在与他人的交往过程中，我们应该遵循一个原则：尊重他人，肯定他人，并真诚地赞美他人。不过，就赞美而言，也是需要一定的技巧的。我们对他人的赞美不能太笼统，而是需要有针对性。

生活中，我们经常听到“你这个人真是太好了”，虽然，这听上去就是一句赞美的话语，但是，具体好在哪里呢？赞美者并没有说清楚，给人一种虚假的赞美感受，如此的赞美，不仅不能打动人心，反而令人生厌。

在赞美他人的时候，一定要在心里问自己“哪里、哪

里”，对方漂亮在哪里，好在哪里，这样，你的赞美由于有了针对性而打动对方，甚至，有可能会产生神奇的效果。我们要明白，当我们赞美对方“真好”“真漂亮”的时候，他内心深处就立即会有一种心理期待，很想听听下文，到底“好在哪里”“漂亮在哪里”，这时，如果没有针对性的表述，对方该是多么失望啊！

这天，公司的职员小路心情特别好，她觉得公司特别温馨，觉得每个同事都很可爱，甚至，她主动承担了上司布置下来的工作任务。可能她自己都说不清楚这到底是为了什么，这不仅是因为她今天穿了新的裙子，更因为她在刚走进公司门口的时候碰到了同事小娜，虽然，她们平时话不多，但是，小娜看见穿着新裙子的小路，脱口就说：“哇，你的裙子真漂亮！款式很适合你。”可能，小娜也没想到自己一句最普通的赞美会给小路带来如此的好心情。

对于漂亮的女同事，就需要赞美其装扮，因为漂亮的外表是她们最在意的部分。小娜如此有针对性的赞美，自然会打动小路的心，而且，给小路带来了一天的好心情。一般情况下，太笼统、太宽泛的赞美会给人一种虚情假意的感觉，而有针对性的赞美能让对方感觉到你是发自内心地赞美，当然，这样的赞美能很好地打动对方。

那么，如何能做到有针对性地赞美呢？

1.赞美对方的某个动作或行为

在生活中，泛泛的赞美很快就让我们词穷了，除了“真好，真棒，你是最棒的”，超不过10个词，然后就没什么可说了。对于每个人来说，怎么才能做到有针对性地赞美他人呢？其实，我们很有感触，比如，如果你见到一个人，不说漂亮，而是说“今天的发型让你神采奕奕”，那么，对方是不是会更高兴呢？因此，与其空泛地赞美，不如说出最让你满意的某个动作或者行为。

2.针对不同类型的人

在赞美他人的时候，我们还需要针对不同类型的人作出恰当的赞美。比如，见到一个孩子，你不能说潇洒，而是聪明、可爱、懂事；见到漂亮的女人，就应该赞美其漂亮；见到男人就应该赞美其潇洒帅气。如果你对他们没有针对性地赞美，对方定会觉得你是虚情假意，又怎会被你打动呢？

在赞美他人的同时，我们需要有针对性地赞美，比如，对男人你可以夸他帅气，对漂亮的女人你可以赞美她的打扮，对一个母亲你可以赞美她的孩子可爱，对上司你可以夸奖他的领导力。

把握时机，赞美有技巧可言

卡耐基曾说过：“当我们想要改变别人时，为什么不用赞美来代替责备呢？纵然下属只有一点点进步，我们也应该赞

美他，因为，那才能激励别人不断地改进自己。”赞美他人，绝对算得上是一件好事，但绝不是一件容易的事。我们在赞美别人的时候，需要审时度势，还需要掌握一些方法，否则，即使你是真诚的，也会将好事变成坏事。不同的人在赞美别人的时候，会用到不同的方法：有的人喜欢采纳直接的赞美方式，“你真是太漂亮了”；有的人喜欢使用比较意外的方式，“今天的菜格外美味，你的厨艺越来越好了”；有的人喜欢背着别人的面赞美他人，等到这话传到了当事人的耳朵里，没想到效果却是出奇的好。

有记者曾问史考伯：“你的老板为什么愿意一年付你超过100万元的薪金，你到底有什么本事？”史考伯回答说：“我对钢铁懂得并不多，我的最大本事是我能使员工鼓舞起来，而鼓舞员工的最好方法，就是表现真诚的赞赏和鼓励。”原来，史考伯就是凭着赞美他人，而获得了年薪100万元的高收入。不难想象，史考伯先生一定是精通了赞美的方法，否则，怎么能将赞美发挥出那样大的作用呢？下面，我们就列举几种简单的方法，以供你参考借鉴。

1.出人意料的赞美

赞美来得比较突然，也会令人惊喜。比如，丈夫下班回家后，见妻子已经摆好了饭菜，不妨称赞妻子几句，妻子本来看似应该的行为，却受到了丈夫的赞美，此时，妻子的心情必然是愉悦的。在生活中，如果你赞美的内容出乎意料，也会打动

对方的。

2.直接的赞美方法

在生活中，我们常见的赞美方法就是直接赞美，比如，上司对下属、老师对学生、长辈对晚辈等等，这样直接的赞美方法比较及时、直接，能够很好地鼓舞他人。如果你发现了对方身上有什么特点，不妨直接告诉他，“你最近工作业绩不错，快破了上个月的销售记录了，继续努力”。

3.夸张的赞美方法

夸张的赞美方法又称为激情的赞美方法，拿破仑曾这样赞美他的妻子：“从来没有哪个女人像你这样拥有如此忠贞、如此火热、如此情意缠绵的爱。”在这里，赞美可以使你获得爱情，同时，还可以缓和矛盾。那些无法掩饰的赞美之情，使得我们的另一半十分地受用和满足。

4.间接的赞美方法

有直接的赞美方法，就有间接的赞美方法。在日常生活中，如果我们想赞美一个人，当不便当面说出或没有适当的机会向他说出的时候，你可以在他的朋友或家人面前，适当地赞美一番，而且，效果将会更好。比如，当着下属的面赞美另一位员工，“我觉得小王挺不错的，工作很认真，踏实能干，我很欣赏他”，等到这些话传到了员工耳朵里，他肯定会加倍努力工作来表达内心的感激。

如何才能使赞美发挥出应有的效果，如何才能通过赞美来

打动他人？这需要我们在赞美他人时讲究一定的方法，方法对了，赞美的效果就会出来了，那时，你还会担心打动不了人心吗？

不经意的赞美，更让他人心情愉悦

在当今这物欲横流、人际关系隔膜极深的浮躁社会里，精神的慰藉成为了人们心里无限的渴望。许多人从不轻易对他人流露赞许的情感，以致美好的言辞被硬生生地压抑在心底深处，人类情感的交流也渐渐走向沙化的荒漠。人与人之间的肯定和赞许，在很大程度上能架起心与心相通的桥梁。人们之间的相互赞美可成为人际关系趋向友好和改善的润滑剂。学会赞美别人，必定能够融化人与人之间寒冷的坚冰，必定能洞穿相互间心灵的隔膜。意外的赞美常常会使人喜悦倍增，拉近彼此之间的距离，从而能够更好地说服对方甘愿为自己效力。

某大商场的一个服装店员每个月业绩都会跃到第一，她的同事百思不得其解，于是等这位店员开始上班时细细观察她的一言一行。一会儿就有一个很瘦的妇女来了，她在店里挑中了合适的款，店员便从衣橱里取出小一号的尺寸。那位妇女当然知道自己穿几号衣服，她对店员说："不行，我是穿大一号的。"此时，这位店员惊讶地说："啊！真的吗？可是我一点都看不出来呀！”店员的同事们知道她业绩为什么这么高了，因为她不时对顾客送上赞美之词，这样不但使顾客心花怒放，也使自己的销售业绩蒸蒸日上。

服装店员懂得在什么时候适时地赞美顾客能令其心情愉快，心情愉快的顾客在购物的过程中也会没有太多的计较，这样店员就能轻松地拿下这单生意。以此类推，店里的服装就容易在这么轻松的气氛中销售出去，那位店员的业绩很高也自然是可能的。就连在生活中不经意的一句赞美都能收到这么大的成效，更何况是人与人之间的交往呢！人总是喜欢被赞美的，即使明知对方讲的是奉承话，心里也免不了会沾沾自喜，这是人性的弱点。学会在交际中恰当地赞美他人，让他乐意为我们效劳。

有一次，卡耐基到邮局取一封挂号信，人很多。卡耐基发现那位管挂号信的职员对自己的工作已经很不耐烦了，可能是他今天碰到了什么不愉快的事情，也许是年复一年地干着单调重复的工作，早就烦了。因此，卡耐基对自己说：“我必须说一些令他高兴的话。他有什么真的值得我欣赏的吗？”稍加观察，卡耐基立即就在他身上看到了值得自己欣赏的一点。

因此，当他在接待卡耐基的时候，卡耐基很热忱地说：“我真的希望能有您这种头发。”

他抬起头，有点惊讶，面带微笑。“嘿，不像以前那么好看了，”他谦虚地回答。卡耐基对他说，虽然你的头发失去了

一点原有的光泽，但仍然很好看。他高兴极了。双方愉快地谈了起来，而他说的最后一句话是："相当多的人称赞过我的头发。"

卡耐基说：我敢打赌这位仁兄当天回家的路上一定会哼着小调；我敢打赌，他回家以后，一定会跟他的太太提到这件事；我敢打赌，他一定会对着镜子说："我的确是拥有一头美丽的头发。"想到这些，我也非常高兴。

卡耐基只是小小地赞赏了那位职员，就使本来显得不愉快的职员开始露出笑容，并开始愉快地和卡耐基聊起来。如果卡耐基什么话都没有说，那位职员虽然碍于工作情面不得不管理挂号信，但是态度上肯定不是面带微笑。至少，他在卡耐基的赞美声中，是在乐意地帮忙，而不是仅仅当工作一样死板地处理。学会真诚地赞美他人，并让它成为一种习惯，那么，你就会发现寻找一个人值得赞美的地方是一件多么容易的事情。而赞美他人，不仅让他人感到喜悦，也会使自己的心情变得愉快起来。

在潜意识里，我们都渴望别人的关注，渴望别人的赞美，这是每个人都会有的渴望。由此及彼，别人也渴望我们的赞美。

学会赞美别人往往会成为你处世的法宝。或许他不会因为我们一句意外的赞美而彻夜不眠，但是他会为了我们一句不经意间的赞美而喜悦，也会对我们充满感激。一句意料之外的赞美之词，会让他兴高采烈，这个时候，你再拜托他帮一个小忙，我想他是十分乐意为你效劳的。

运用赞美，能让你赢得好人缘

古人云，信言不美，美言不信。话虽如此，可是大多数人还是喜欢“美言”的。“美言”让人开心、舒服、自信，但是批评的话就不一样了，它就像是一记耳光打在人脸上。赞美之词与批评的话语可能会对同样处境的人产生截然不同的结果。

一位成功学研究专家曾经就讲述过他所经历的这样一件事情：

以前，我经常到政府机关去办事。办理具体事务的那些工作人员可能是每天面对的事情太多了，所以看上去非常疲劳，服务效率很低，我办一件事要跑好几趟才能有结果。

有一次，我又到那里去办事。这一次接待我的是一个年轻的小伙子。在办事之前，我先问了他一个问题：“先生，你在这里做多久了？”

“4年了。”小伙子连头都没有抬，有一搭没一搭地回答了我一句，显得非常不耐烦，“怎么？有什么问题吗？”

“是吗？难怪呢！”我故作惊讶道。

“怎么了？”小伙子用非常疑惑的眼神看着我。

“我经常到这里来，但是没有见过你。不过我今天在这里有一个巨大的发现，那就是：我发现在这个机关里，你是从头到尾最卖力气的一个人。”

其实，这并不算是我最大的发现。我最大的发现是当我说

完这句话以后，那个小伙子的眼神马上变得非常亲切，整个人马上精神起来，立刻接手办我的事情。

我趁机又赞美了他一句："你的工作精神真好，我真希望每次来办事都能遇到你。"

小伙子在几分钟之内就给我办完了所有的手续。按我以往的经验，那些手续最少要跑两次才能办完，然而那天只用了5分钟。

一件事情，通过几句赞美之词，竟然五分钟就完成了。可见，赞美的效力还是非常大的。不要埋怨对方脾气不好，如果你懂得巧妙变通一下，那一切不就很快解决了吗?

不管何种场合，人们都喜欢被他人夸赞、肯定，或许这里面也有小小的虚荣心吧，但是话说回来，谁不喜欢呢?赞美一个人不仅能让他人高兴，还会为你自己带来很大好处，可以给你带来远见卓识，可以让你拥有宽广的胸怀，这些是一个人走向成功必备的性格和修养。学会赞美别人，可以使你获得真挚的友情，良好的人际关系。

1.最有实效的赞美是"雪中送炭"

生活中，最需要赞美的不是那些早已功成名就的人，而是那些因被埋没而产生自卑感或身处逆境的人。他们平时很难听到一声赞美的话语，一旦被人当众真诚地赞美，便有可能振作精神，大展宏图。因此，最有实效的赞美不是"锦上添花"，而是"雪中送炭"。

2.赞美之词要脱离常规

面对一幅油画作品，几乎所有的人都异口同声地叹道：“真是太绝了！”油画家对这样的恭维早就习以为常了。你可以说，“画如其人。您的画运笔沉稳，是和您刚正不阿的秉性、对人生与社会的深刻思考分不开的。”独辟蹊径，避开了套词俗语，令人耳目一新。

3.赞美的话语要及时表达

一个人在完成工作任务后总希望尽快了解自己的工作结果、质量、数量、社会反映等。好的结果，会带来满意愉快的情绪体验，给人以鼓励和信心，使人保持这种行为，继续努力；坏的结果，能使人看到不足，以促进下一次行动时的改进，以求得好的结果。

4.赞美要懂得真情流露

赞美要表达真情实感，不真诚的赞美反而会适得其反。这就要求大家必须针对对方的引以为豪之处进行赞美，不然就会变成拍马屁了。比如，明明人家长相一般，你偏偏说人家长得很帅，那么只会让对方觉得你是在消遣他，说不定会拂袖而去的。就是这种驴唇不对马嘴的赞美，在我们的生活中却天天都在发生着。

5.赞美要多用于鼓励

自信是成功的一半，用赞美来鼓励对方，能达到事半功倍的效果，尤其在“第一次”。每个人做事都有第一次的时候，

如果对方第一次干得不好，你应该真诚地赞美一番："第一次有这样的表现已经很不容易了！"别人会因为你的赞美而树立信心，下次自然会做得更好。

美国哈佛大学的心理学家威廉·詹姆斯说："人类本性最深层的需要就是渴望得到别人的欣赏。"其实人类的很多情感都是相互的，一个从不吝啬于欣赏和赞美别人的人，他的人缘会相对比较好，因为没有人会反感来自于别人的肯定。

说中听的话，更易获得好感

聪明的人要学会在交流中把话说到别人心坎上，俗话说："人心都是肉长的。"只要是人，都是可以被感动的。我们要学会把话说得恰到好处，从而得到他人认可，进而赢得好感。不论说什么理，说服什么人，都要遵循对方的心理轨迹步步深入，将自己的观点和意图逐渐融入到对方的思想中去。这样说理才有力量，才能达到目的。

慈禧太后是一个脾气古怪的人，高兴的时候还可以，不高兴的时候就会让人好看，所以她的奴才们在她面前说话总是加倍小心。俗话说伴君如伴虎嘛。

一次，著名京剧演员杨小楼被召入宫唱戏。演员演得精彩，慈禧看得痛快。戏罢，慈禧心情大好，就把杨小楼召了过来，说：“你的戏演得不错，让我今天心情很高兴。说吧，你想要点什么，我都赐给你。”

杨小楼叩头谢恩，说：“老佛爷洪福齐天，不知可否给奴才赐个字？”

慈禧一听，说：“好！准备笔墨！”然后写了一个“福”字。

杨小楼接过来一看，“福”字写了两个点——拿回去让别人看了会惹是生非，不拿回去还不行，当下吓得双腿都站不稳了。

慈禧刚开始不知道怎么回事，后来她才发现是写错了字，但是又不好意思要回来。

旁边的李莲英早看见了，脑子一动，笑呵呵地说：“老佛爷之福，比世上任何人都要多出一‘点’啊！”杨小楼一听，马上反应过来，叩谢老佛爷说：“这万人之上之‘福’奴才可不敢领啊！”

慈禧太后一听李莲英的话，正好说到自己的心里，听着又顺耳，又解了她的难。事后她赏了李莲英白银500两。

话说得中听，在事情发展不利的时候可以扭转乾坤，达到预期的目的；话说得不中听，即便是好的事情也能办砸了。这里的话说得中听与否，是指能否把话说到对方的心里去。

要想获取对方的好感，说话是一个非常重要的关键因素。因此，如何说话，即怎样才能说好话，应该是我们要予以重视的一个问题。那么如何才能顺利地把话说到对方心里去呢？总的来说有以下几个窍门。

1.察言观色，了解对方

学会察言观色，留意对方身边的事物，从中了解他的心态，并把话说到他的心里，这样才能赢得对方的好感，这时，你无论办什么事，都会顺利得多。把话说到人心里，仔细研究起来，其实很不简单。这就需要我们多用些心思，了解对方心理，与其建立更深入的关系。

2.善于揣摩对方心理

善于揣摩对方微妙的心理，是帮助自己提出意见并说服他人的重要方法。并且，当对方有一些顾虑和担忧时，如果你能及时洞悉他的心理，并加以疏导，你的成功率就会大大地提高。

3.站在对方角度说话

在双方沟通的过程中，如果只顾自己的利益，不管别人的需要和利益，是非常愚蠢的做法。要想使沟通顺利进行，首先就要与对方站在同一个立场，多为其考虑，把话说到他的心里，让对方觉得你是“自己人”，这样才更有益于双方沟通。

说话时，只有句句到位才能句句让人满意，说到对方心坎，你要注意一点，千万不要口是心非。人们最讨厌虚伪的人，一旦你被人察觉，那就会无形中让对方树立对你的敌意，导致沟通的失败。

下篇

深度沟通，就是要将事做到位

生活中，我们每时每刻都在与人打交道，而与人交往是一件非常考验情商的事情，这里面隐藏着很大的学问。有的人很容易就能够得到所有人的喜欢，有的人费尽心思却落得个不讨人喜欢的结果。前者因情商高会做事，所以更受欢迎。

第09章　挖掘沟通本质，深谙做事智慧

情商高的人，做事有智慧，因为用头脑做事，往往做事很高效。当他们在用头脑思考的时候，谋定而后动，在单位时间内提高自己做事的效率，让时间剩余下来，这样就可以做更多的事情。

懂得沟通，就能将复杂的事情简单化

很多人在做事情的时候，总是容易把简单的事情变得复杂。比如，明明是可以手到擒来的事情，偏偏又考虑这个又顾忌那个，就像是在走迷宫一样，绕到最后，连自己都不知道该从何下手；简单明了的几句话就能表达清楚的一份报告，却非要弄得像是懒婆娘的裹脚布——又臭又长，好像不弄得复杂一点就不深刻，不复杂一点就显示不出自己的精明强干！其实，就算你的老板不是“日理万机”，也绝对没有时间来欣赏你十几页的“才华”。

《老子》里面有句话，叫作“为学日益，为道日损”。就是说，在学习的过程中，每天都要有所增益；而在求道的过程中，每天都要有所减少。很多人可能不太理解圣人这句话的意思，其实他想告诉大家的，是一个很简单的道理，那就是“大

道至简”。因为，越是简单的才是越有效率的，谁都不想把时间浪费在“走弯路”上。你要是能把复杂的东西简单化，那你就能用最高的效率做出最好的事业；反之，就算你忙得两眼开花，终究也不会结出什么好果子来。

有一段时间，部分人要恢复繁体字，说繁体字是如何如何之好。但不可否认的是，繁体字太复杂了，写和认都不方便。就拿当年在简化字体之前来说吧，当时的大半个中国的人都是文盲。而在简化了字体以后呢？至少从那时以后，相当大的一部分人可以读书了，能够看得懂报了，写封信也不用跑到大街上去找算命先生了。不管在这场“风波”的争论中谁对谁错，但不争的事实就是：简体字简单实用，终究是代替了繁体字。毕竟“繁体字”是不实用的东西，当然也就无法被人们所接受了。

其实，对我们的工作而言，都是有两种“写法”的，一种就是“简体字”，而另一种则是“繁体字”。那么，每天忙得不可开交的你，有没有想过：你是在写“简体字”，还是在写“繁体字”呢？

同样一件事，为什么不同的两个人来做的结果却是截然不同的呢？原因就是，有些人能把复杂的东西简单化，而有些人却拘泥于形式，把简单的事情越想越复杂。

当我们的工作显得冗长复杂时，有些人是太盲目，在“钻牛角尖儿”，没有把自己的思维从繁杂的事情中“解放”出来；而有些人却是在耍小聪明，在表现自己，而这么一“表现”，便会拖延时间，降低工作的效率。

在现代的职场，效率永远是第一要素。而要想拥有高效率，唯一的方法就是用最简单的方式解决最复杂的事情。因为只有用简单的方式，才能满足市场高速发展的迫切需求。所以，在刚开始做一件事情的时候，我们就应该想想：我这样做，是不是把简单的事情变得复杂了，这个事情可不可以用一种更简单的办法来解决？越是复杂的问题，就越要让它变得简单明了。这样，就可以提高我们工作的效率，让我们得到更多的关注跟赏识，让我们的事业发展到一个更高的境界。

生于忧患，死于安乐

孟子说：“生于忧患，死于安乐。”如果一个人陶醉于眼前的胜利，缺乏居安思危的意识，对有可能出现的问题不作充分准备的话，很可能就会出现一些让人痛苦不堪的事情。故而，无论我们处在什么样的环境当中，都应该要有忧患意识，绝不可麻痹大意，要对未来可能出现的事情作好准备，以免将来后悔。如果我们缺乏预见性或者是自己还没有意识到的话，就应该虚心地听从别人的建议和意见，让别人提醒自己为将来的事情作好准备。绝不能不听从别人的劝说，更不能将别人的

好心当成对自己的诅咒。如果我们这样做了，到头来必定会吃大亏。

《三国志》中记载说：“亡国之主，自谓不亡，然后至于亡；圣贤之君，自谓将亡，然后至于不亡。”《易经》也说“君子安而不忘危，存而不忘亡，治而不忘乱”，所谓“忧劳可以兴国，逸豫可以亡身”便是这个道理。

翻开中国历史，我们就不难发现，各朝各代的亡国之君，大都和陶醉于胜利之中，居安忘危、堕落丧志有关。秦王嬴政，叱咤风云，统一中国，自号“始皇帝”，幻想帝业永传，但没出两代，他的儿子胡亥就沉湎安乐，让父亲留下来的政权毁于一旦。而那些有忧患意识、懂得居安思危的君主，如唐太宗李世民、清圣祖康熙等，则通过采取一些列措施，巩固了国家政权，做到了王朝的长治久安。

郭沫若在《甲申三百年祭》中曾指出：顺利时不可忘了还有逆境，平坦中不可忘了还有坎坷，大喜的日子不可忘了有可能隐伏着大悲，和谐的交响中不可忘了有夹杂着不和谐音。《甲申三百年祭》是1944年为了纪念李自成农民起义而写的一篇文章。李自成起义为什么失败了呢？最主要的原因则是他被胜利冲昏了头脑，忘记了居安思危的道理，缺乏忧患意识。

李自成，陕西米脂县人，初名鸿基，明末农民起义领袖。他率领农民起义军，经过十几年的艰苦斗争，横扫大半个中国，终于在1644年占领了北京城，推翻了明朝政权。李自成进

京之后，觉得天下太平，可以高枕无忧了。因此，他就陶醉在了胜利的喜悦之中，滋生了骄傲的情绪。他全盘接受了明朝皇帝的宫殿和美女，整日沉迷于温柔乡之中。而他手下的文官们则忙着开科取士、登基大典，武将们忙着向前明官员们“追赃助饷”，士兵们忙着满城找乐子。没多长时间，整个起义军就堕落腐化了。他们享受胜利果实的时候却忘记了山海关的吴三桂和东北的清朝政权，对这两支重要的军事力量缺乏应有的警惕。

这样一来，整个起义军就都丧失了斗志，他们只注重自己的享乐，开始厌倦战争。正当他们大肆享乐的时候，吴三桂和清军联合起来对他们发起了进攻。联军直逼北京城下，如梦初醒的起义军们慌忙抵抗，可是此时的起义军早已没有了战斗力，双方刚刚在战场上接触，起义军们就全线败退了。无奈之下，李自成只好率领大军狼狈地逃离北京城。

李自成无疑是一个英雄人物，在起义初期，面对朝廷一次次的围追堵截，面对一次次的孤立无援，他从没有放弃过，都能用自己的智慧转危为安。可是，当他来到北京城之后，就变成了另一个模样，变得骄傲自大起来，忽视了潜在的危险，放松了警惕，最终落得个全盘皆输的下场。李自成的教训，值得每一个人吸取。

微软公司总裁比尔·盖茨经常说：“微软公司距离倒闭的时间永远只有18个月。”尽管微软公司是世界上数一数二的大公司，但是比尔·盖茨从来陶醉在胜利的表象当中，而是有着深切

的忧患意识，做着全方位的准备工作，因此，微软公司也就成了世界上经营最好的公司之一。

一个国家没有忧患意识，那这个国家迟早要出问题；一个企业没有忧患意识，那这个企业早晚要垮掉；一个人没有忧患意识，必会遭到不可预测的灾难。在今日这个竞争激烈的社会，如果缺少了忧患意识，很可能瞬间就被对方打倒。故而，我们无论取得多么大的成就，获得了多么辉煌的胜利，都不要被胜利冲昏头脑，而是要时刻保持警惕，做到居安思危，未雨绸缪。只有如此，我们才能在竞争激烈的现代社会中居于不败之地，才不会被淘汰。

积极主动，往往能出奇制胜

主动出击是狼出奇制胜的绝妙秘诀。我们人类也应该学会主动出击，不断地寻找求职机遇。能够主动出击的人，他拥有无限的主动权，他会朝着自己追求的目标奋勇前进，永不停滞，直到成功。如果不主动出击，只会消极等待，结果只能是灰心失望。工作不会主动找你，你只能主动去找工作，才能把自己“销售”出去；也只有主动出击，勇于挑战，丰厚的薪金和较高的职位才会被你收入囊中。职场的机会是靠自己争取的。学会主动出击，才能像狼一样出奇制胜，才能找到称心如意的好工作，才能得到高薪、高职位，你这块美玉才能发出耀眼的光泽。

现在的社会用人需求，已经远远落后于求职者的增长速度。要想在激烈的职位竞争中取得成功，就要主动去寻找“婆家”。因此，主动推销自己，已经成为求职者的首选。

“智鸟”先飞。明智的求职者拥有强烈的自信心，他会通过多种渠道向用人单位展示自己的能力，抢夺就业先机。无论是参加招聘会，还是网络求职、毛遂自荐、托关系进单位实习，他都会扬长避短，克服重重困难，充满信心地迎接挑战，把自己的特长发挥得淋漓尽致。这样的求职者往往能过五关斩六将，轻松自然地达到自己追求的目标，取得高薪、高职位。

所以，在就业形势日益严峻的情况下，要想在成千上万的求职者中脱颖而出，就要变被动为主动，谙习自己的优势，认准自己的发展方向，了解应聘单位的情况，以此增大成功的概率。特别是刚走出校园的大学毕业生，更应该有主动意识，不能等着天上掉馅饼，要多方寻找就业门路，勇于向高薪、高职位挑战，必要时甚至可以“送货上门”。即使遇到挫折也不要气馁。

只有主动出击的求职者，才能及时了解招聘需求和市场动向，知己知彼，百战不殆；也只有他们，才能抓住转瞬即逝的机遇，得到自己向往已久的职位，取得成功。

北京的韦祎作为西南财经大学的毕业生，在大三的时候就

开始请教牛人师兄师姐们笔经和面试经验，不巧的是他毕业时正好赶上了席卷全球的金融海啸，为了使自己一展抱负，找到高薪、高职位的工作，他开始通过各种渠道积极向招聘单位投递简历。

从那年8月开始，韦祎共投出简历108份，参加笔试、面试数十次。在应聘网易财经编辑时，公司只招6个人，而报名的就有300多人，通过网上笔试和电话面试。韦祎最终没有收到通知。

韦祎开始奔波于成都与北京之间，“南征北战”地找工作。他也天天网上申请，生怕过了应聘机会。11月份，招商银行北京分行招聘员工。得知此消息，韦祎马上投了简历，很快，他收到了面试通知，并顺利通过了一面和笔试。2月11日，他收到二面通知，经过自我介绍、小组讨论、自由辩论，他与招行结缘，开始了精彩的人生之旅。

不断寻找，主动出击，迅猛捕获猎物，这是狼的生存原则。韦祎的成功就职，就是他主动出击、勇于挑战高薪的结果。所以，当我们被淹没在茫茫人海中时，千万不能随波逐流，在人云亦云中迷失自己。我们要认真地在不断的失败中反省，在不断的反省中总结，从而清晰地认清自己和目标。毕竟东西是死的，而人是活的，活人当然不能给尿憋死，我们就要紧跟着市场需求的步伐，在万千人中，踊跃地展示出自己。所以说，只有积极主动去寻找机遇，不消极等待，才更有可能在社会上立足，才更有可能达到自己的目标。

河南南阳理工学院软件学院的毕业生李文怡，如果没有自己的积极争取及学校老师和领导的推荐，如果没有过硬的专业知识和沟通技能，她就不会从3万人中突围，敲开微软的大门，得到超人一等的薪金待遇。再回首往事，毛遂要是不懂自荐的话，日后就不会有“三寸不烂之舌”迎来盟军百万雄师的传奇故事。主动是一种追求，更是一种不放弃的信念。有这种信念的人，总是会比别人抢先一步；没有这种信念的人，总是会比人慢一步。而职场如人生，人生世事又如棋，往往就因为棋差一招而满盘皆输。因此，面对滚滚求职大军，要抢先一步，主动出击，才更有可能拿到人人眼红的馅饼。

计划完备，增强成事可能性

动物在捕食时，往往都不是一看见猎物就盲目地扑过去，而是先站在高处观察猎物，再制订一个完美的“捕食计划”，让它的猎物逃不出它的视野，最终一举得胜。而我们很多人还不如动物捕猎的计划性强。每天从早上忙到晚上，都不知道自己在做什么，很多事情乱糟糟地堆在一起，等到紧急关头，便草草了之，敷衍交差。其实，我们在“埋头苦干”之前，只要先仔细思考，制订一个完整的计划，那么，我们就能在同样的时间里将工作进行得有条不紊，而且会做得更好。

这种有计划地安排工作，数学上也叫作“统筹方法”。古时的田忌赛马，就是这种“统筹方法”的最好应用。孙膑一句“取君下驷于彼上驷，取君上驷于彼中驷，取君中驷于彼下驷”，结果，同样是三匹马，只是合理地安排了一下，就赛出了不一样的成绩。而职场如赛场，同样的道理，只有计划性地安排自己的工作，才会让你的事业在有条不紊中蒸蒸日上。

某公司的营销经理就要退休了，在接班的人选中，公司的领导相中了同样吃苦耐劳、工作踏实的小张和小葛。但经理的职位只有一个，经过一番讨论之后，领导们决定，把刚运来的四十车水果，分别分给两人二十车，谁能先将二十车水果销售完，就让谁做经理。

于是，就要离职的老经理将二人叫了过来，把领导的意思向他们说了一下。听了老经理的话，二人都是热血沸腾，尤其是小葛。在离开经理办公室的时候，小葛就像是着了魔了似的，马上把公司大客户的资料都翻出来，白天往这个公司跑，晚上给那个公司打电话。每天都起早贪黑的，累得不成个人样。

而小张这边呢，虽然大客户全在小葛的手上，但他也并不着急。经过一番思考之后，他先将不同的水果按不同的种类装在一起，看上去就像是个“水果篮”一样，然后再将这些“水果篮”分别投放到各大超市、菜市，甚至是医院和小区附近的小地摊。

结果，当小葛忙个天翻地覆的时候，却看到小张满脸笑容

地从“经理办公室”里走出来，衣襟上还别着“经理”的勋章。当时，小葛就傻了。

为什么起早贪黑的小葛没有成功，而看似清闲的小张却当上了经理？因为，二十车的水果，单靠一部分大客户很难“消化”，小葛再忙也是瞎忙。而小张通过仔细的思考而制订了完善的计划，将水果变成了既好看大方又营养丰富“水果篮”，再将它们投放到城市各个角落。结果，人们不仅乐意买来吃，还喜欢拿去送人。这样，二十车的水果都被全市的人民“消化”掉了。所以说，瞎忙活再忙也是白忙，只有有计划地安排我们的工作，我们才能做得更加出色。

因此，当我们忙得腰都直不起来的时候，我们应该想想我们是不是在盲目地瞎忙，是不是缺少了一个指导我们该去怎么做的计划。

20世纪40年代初，第二次世界大战正热火朝天地进行着。美军为了防止一种发病率极低但危害极大的疾病被带入军营，远征的士兵都要经过验血才行。

但看着浩瀚的队伍，一个个验血，可真急坏了军医道夫曼，他脑子里总是不停地想着化验的每个步骤：抽血，投入试剂，观察反应……突然脑子里闪过一个念头：为什么不把一百个人的血放在一起化验呢？如果这一百个人的血液里都不含病毒，那就一下子就全都通过了；如果这一百人当中有一人含有该病毒的话，只要将他们再分成十组集体化验，就能知道哪一

组中的士兵含有这种病毒。然后再将他们逐个化验，不就能节省很多时间了吗？他的这个想法经过实际运用之后，果然极大地缩短了验血的时间。

其实，无论是什么工作，基本上都可以分为“脑力劳动”和“体力劳动”，只懂一味地埋头苦干，收到的成效往往是微乎其微的。但要是在“脑力劳动”支配下，进行有计划的 “体力劳动”，收到的效果绝对会比单纯地蛮干要强得多。

所以，不管你是职场的新人，还是职场“老手”，千万不能像无头的苍蝇，累死累活却是在做“无用功”。尤其是职场的新人，总是认为自己够努力，喜欢从客观上找原因，而忽视了自身的问题，这一点是最不可取的。对待你的事业，就得像对待一场战争一样，在你准备努力拼杀之前，就得为自己量身订做一套完善的作战计划，然后按照你的计划行事，这样总会让你的工作进行得杂而不乱，稳中求进！

扬长避短，经营自己的长处

在一马平川的草原上，狼是从来不会去追逐捕杀马的，尽管马是它们梦寐以求的猎物，但是狼总能克制住自己。这是因为，狼的奔跑速度根本不如马，即使是追了也是白追。它们如果想要猎杀马的话，就会选择在沼泽地或者是地势狭隘的地方。那样的话，它们就能够发挥身体相对较小的优势和灵活性，运用自己独特的优势来获得胜利。

行走在这个社会中，我们要想取得一定的成就，就应该和狼一样，懂得发挥自己的长处，用自己独特的优势来获得胜利。其实，在这个世界上，成功者的成功方式和领域可能有所不同，但是他们却有一个共同的地方，那就是了解自己的长处，能够选择一个和自己的强项相结合的事业。他们从来不会像有些人那样，对自己缺乏一个正确的认识，只会跟随在别人的后面去寻找成功的道路。因为他们知道，做什么事都不能勉强自己，而是应该顺从自己的优势。因为，找到了一个和自己的优势相关的产业之后，就能够让工作变得非常轻松，也能让成功的道路走得越来越顺利。

从成功心理学的角度来说，判断一个人是否能够取得成功，最重要的不是看他取得了多大的成就，而是他是否能够经营自己的长项，是否最大限度地发挥了这一优势。根据专家们的研究发现，人类存在四百多种优势，这些优势的数量并不是最重要的，最重要的是一个人是否认识到自己的弱项是什么，长项又是什么，是否运用自己的长项去做一番事业。

在生活中，经常会遇到这样的一些人，他们不是不想拥有一番自己的事业，也不是不想获得胜利。他们不明白自己的优势在哪里，不懂得怎样去发挥自己的优势。他们常常喜欢跟在别人的屁股后面找出路，习惯于从事一些热门却并不适合自己

的职业。这样的人是没有任何智慧可言的，即使他付出了再大的努力，恐怕也都无济于事。如果他还执迷不悟的话，恐怕再也没有出头之日了。

诚然，在做事情的时候，我们可以学习别人的经验，但是学习别人的经验未必是套用别人的模式。毕竟，每个人都是与众不同的，每个人都有自己的长项所在。要想成功，首先就应该充分了解自己的性格特征，了解自己的优势所在，在认清自己的基础之上去寻找一条走向成功的道路。只有做到了这一点，才有可能取得胜利。

赵家湾是黄海边上的一个小村子，赵良臣从小就在这里长大。近几年来，有不少的外来人到这里避暑、游玩，这里的旅游业一片红火。大量的外地游客带来了大量的商机，有很多赵家湾的村民开始卖起了海鲜食品，赚了不少的钱。很多人觉得做餐饮生意能够发财，于是就在赵家湾的街头建起了一个又一个的小吃店、小餐馆。尽管生意不是太红火，但总比打鱼种地的收入多了许多。

赵良臣高中毕业后，他的父母准备凑钱开一家小饭馆，想着给他一个可以糊口的职业。但是，赵良臣根本不懂得厨房里面的技术，也不会下海打鱼。如果选择开饭馆的话，只能聘请别人来做厨师，并且要花钱去市场上买水产品，那样的话根本就挣不着钱。于是，赵良臣就拒绝了父母的好意，开始寻找其他的赚钱之路。后来，经过一番的调查之后，他发现沙滩上随地可见的贝壳可以制成各种不同的工艺品，如果拿来出售的话，一定能够得到游客的喜爱。再者，他在上学的时候学过一段时间的美术，对绘画雕刻等方面的东西也较擅长。于是，他就去海滩上搜集了大量的贝壳，然后买来各种颜色的油漆、黏合剂等一些工具，把这些贝壳设计成了十二生肖、山水风景、花鸟鱼虫等一系列的工艺品。

第二天，赵良臣带着自己设计的贝壳工艺品到各个景点去卖。那些游客觉得这些工艺品非常有意思，也很有纪念价值，就纷纷购买。当天，赵良臣就净赚了200元。一年之后，赵良臣扩大生产规模，成立了自己的“贝雕工艺中心”，到当地工商部门注册后，招了几个帮手和自己一起干，产品卖到了全国各地。

在赵良臣的家乡，很多人都走着开饭店卖海鲜的创业之路，他们也能够从中获取到一定的经济利益。但是，赵良臣对鱼虾鲜贝没有兴趣，对烹饪艺术感到陌生，如果选择不假思索就一头扎进去的话，肯定就会遇到失败。好在，他对自己有一个比较清醒的认识，知道自己的长处在哪里，于是就选择了一条适合自己的道路，最终为自己创造了大量的财富。

西德尼·史密斯说：“不管你擅长什么，都要顺其自然，永远不要丢开自己天赋的优势和才能。”经营自己的强项，发挥自己的优势，是获得成功的法宝。在生活中，我们不能盲目地跟在别人的后面找出路，更不能妄自菲薄，把自己看得一无是处，一定要正视自己，了解自己的优势所在，明白自己适合

做什么样的工作。只要能经营自己的强项，就能够获得成功。

俗话说“三百六十行，行行出状元”，任何一个职业和行业都有做大做强的可能。不过，“出状元”的前提是自己擅长这一领域，假如不擅长的话，哪怕你付出百倍的努力来，恐怕也会无济于事。因此，我们在选择职业或者是事业的时候，就应该像狼那样，发挥自己的优势，用自己的优势来获得最终的胜利。

第10章　有勇有谋，用思维引领行动

情商高的人，做事有谋略。在做一件事情之前，需要谋划清楚，先做什么后做什么，在做事过程中可能会遇到什么问题，解决方法是什么，这些都想清楚了再行动，做事成功的概率自然会大很多。

发散思维，别只盯着事物的一个面

什么是发散思维呢？心理学家们给出了这样的解释：发散思维又称求异思维、辐射思维，它是指从一个目标或思维起点出发，沿着不同方向，提出各种设想，寻找各种途径，解决具体问题的思维方法。发散思维是高级动物特别是人类最基本的一种思维形式。这种思维主要表现为两项思维、创意思维、颠倒思维等等。一个人运用发散思维的次数越多，他所获得的机会也就越多，成功的概率也就越大。

我们要想具有发散思维，就应该学会独立思考、大胆怀疑，对于权威决不能盲从，对于固定的思考模式，要懂得大胆地否定。那些固定的、习惯的认知方式，我们决不能屈从，而是应该以前所未有的新角度、新观点去认识事物，提出超乎寻常的新观念。

在我们的日常生活当中，谁的思维越独特，谁就有可能收获到意想不到的惊喜和胜利。谁运用的发散思维较多，谁就收获的较多。无数事实向人们证明了，发散思维拥有着巨大的能量，它能够让人们在无路可走的情况下想到新的方法，让一些看似进入死胡同的事情变得充满希望。

哲学家告诉我们说，不同的事物都有着不同的方面，不同的事物之间也总是存在着一定的联系。而发散思维，正是建立在这一哲学基础之上的思维模式。这种思维具有发散性、多维性、求异性、想象性和灵活性等特点，在发明创造中起着非常重要的作用。发散思维可以让人们摆脱固定思维模式的束缚，在思考问题的时候能够别具一格。它可以通过新知识、新观念的重组和组合，产生出更多更新的答案，创造出更多解决问题的方法。因此，发散思维在创新过程中扮演着极其重要的角色。无论是科学研究也好，还是解决正常的问题也罢，如果能够灵活地运用发散性思维，用不平常的眼光去观察大家所熟悉的事物，就能够有所突破和有所创新。

有很多人在思考问题的时候，往往习惯进入一种思维定式的框框之中。这是很可怕的，这样做不但不能让问题得到有效的解决，还有可能导致脑子的僵化。因此，我们一定要懂得拒绝思维定式，学会运用发散思维，努力地从不同的角度和不同的层次去思考问题，观察问题。

我们生活在一个瞬息万变的社会中，绝不能一味地恪守固有的经验，而是应该积极思考，从不同的角度去看问题。如果我们事事处处都要用经验主义来思考的话，势必会进入歧途，也势必会给自己的生活和事业带来非常消极的影响。

避实就虚，找到新的契机

汉代人刘安在其著作《淮南子·要略》中这样说道："击危，乘势以为资，清静以为常，避实就虚，若驱群羊，此所以言兵者也。"从这句话中可以看出，"实"就是指对手强大的地方，"虚"则是指对手较为薄弱的环节。"避实就虚"呢，就是说，在作战或者是竞争的时候，如果自己的力量不够强大，就不能采取硬碰硬的战略，而是应该集中力量，从对手较为薄弱的环节发起进攻，这样一来，就能够出其不意攻其不备，率先打开局面，然后再立足于"根据地"，一步一步地实现自己的目标了。"避实就虚"是一些有大志向但实力不足而又有智慧的人采取的战略。像著名的"农村包围城市"就是伟大领袖毛主席创造性的"避实就虚"的革命策略。

在科技爆炸、知识爆炸的21世纪，最缺的就是人才，同时，最不缺的也是人才。在竞争日益激烈的市场经济社会中，我们可能会面临许许多多这样或者是那样的竞争对手。如果和他们进行当面锣对面鼓的斗争，我们可能会因为实力不济而败

下阵来。既然硬碰硬碰不过人家，就不要再碰了，我们没有必要非得碰个头破血流。在这个时候，我们不妨放松一下自己，告诉自己“心急吃不了热豆腐”，转而寻找不是个人目标，但是又能实现目标的地方，从侧面发起进攻。这种方式虽然可能会浪费我们一些时间，但是浪费是值得的，只要是坚持走下去，就一定能够得到自己想要的东西。这种避实就虚、稳扎稳打的方式能够有助于我们实现自己的目标，因此，我们应该大胆使用。

小赵和小屈是刚刚毕业的大学生，两个人的工作能力都非常强。毕业后，两个人在求职的过程中，小赵应聘上了一家公司的部门主管，而小屈却去了另外一个公司做了普通的业务员。他们的同学得知后，都夸小赵是一个有理想、有魄力、有抱负的人，嘲笑小屈是一个胆小如鼠、鼠目寸光、没有大志的人。小赵志得意满，小屈也不作解释。

高薪的职位虽然风光，但是风险也相对较大，很容易成为众矢之的。小赵坐在主管的位子上，虽然表面上十分风光，实际上却苦不堪言。由于他自己的工作经验不足，很多高手都看准了这一点，就频频发起进攻，最终将他刺于马下。小屈呢，由于自己选择的起点比较低，很少引起他人的注意，因此就能够踏踏实实地做着努力，积攒经验。经过一段时间的锻炼之后，小屈的工作能力和交际能力都得到了较大的提高，他本人也受到了领导的赏识，因此，他就被升为了部门主管。在部门主管这个位子上，有着扎实基础的小屈做得很成功。而小赵呢，自从被挤下来之后，一直没有放弃自己的梦想，总想着再回去做主管，却不屑于从最基层的工作开始做起。许多家公司看了他的简历之后，都婉拒了他。可怜的小赵，只好生活在饥寒交迫之中了。

从上面这个故事中我们可以得知，有着同样工作能力的人，由于选择的不同，最终的命运也就有了很大的不同。小赵走的是“直线”，刚一开始的时候，他侥幸获得了暂时的成功，但是，由于工作经验欠缺、人际交往能力不足等各方面原因，他很快就被一些比他更强的人挤下了台；而小屈走得却是“曲线救国”的路子，采用了“避实就虚”的方法，尽管他也非常渴望做主管，渴望得到高薪，但是他并不是那么急，因为他知道自己几斤几两，不愿意浪费时间去和那些拼不过的高手竞争，而是选择从竞争较小的“侧面”岗位入手，然后在平凡的岗位上展示出了自己的才华，逐渐地实现自己的理想目标。

不仅在择业上如此，在竞争中也同样如此。比如，一个新建立的企业，要想在市场上立足，绝不能和那些大企业进行竞争，只能从被大企业忽视的角落里来寻找自己的商机。

小齐是一家新成立的机械制造公司的销售经理，他虽然坐着经理的位子，却整天愁眉不展。因为市场上同类产品的竞争太过激烈，手下的员工也时常感叹“这一行是越来越难做了”。如果自己的业绩再这么差下去的话，说不定哪一天老板就要炒他们的鱿鱼了。

为此，小齐自己也深入市场，进行深度的调查。这不看不知道，一看吓一跳。市场上所有的大商场几乎都被老品牌所占领。而相比之下，酒店和居民楼则没有入得了这些“老字号”的法眼。小齐苦苦思索了一阵子，决定采取避重就轻的战略，主攻这些不起眼的角落。于是，他就在公司的大会上作出了“改变作战方针”的报告，认为应该将主要力量集中在这些酒店和居民楼，避免和“老品牌”的正面冲突，这一决定得到了公司领导的大力支持。

当新的作战方针投入市场以后，果然取到了明显的效果，他们公司的商品几乎占领了所有的“二线市场”，不仅如此，他们的产品对大商场等“一线市场”还逐渐有种“以农村包围城市”的趋势。小齐也因此加了薪，保了“官”。

避开强大的竞争对手，就应该从对手容易忽视的角度入手，来开拓属于自己的市场。只有这样，才能避免鸡蛋碰石头的结局，才能实现自己的目标。这是因为，“避实就虚”不仅是一种战术，还是重要的生存哲学。须知，只有生存下去，才有可能谈到理想和目标之类的话题，如果连最起码的生存都得不到保障，根本就没有资格再去谈论别的。

无论是在职场竞争中还是在市场竞争中，我们面临的对手可能一个比一个强大，竞争的激烈程度也可能比我们想象中的要残酷。要想在这样的环境中生存下去，我们就应该选择“避实就虚”的战略。

出其不意，会有意外的收获

古语有云：“凡战，所谓声者，张虚声也。声东击西，声彼而击此，使敌人不知其所备。则我所攻者，乃敌人所不守也。”就是说，要制造假象，让别人不知道你的真实目的，干扰对方的判断，然后“趁虚而入”，最终赢得胜利。这就好比是在买东西时的讨价还价一样，老板说100你说80，老板说不能再降，你转身就走，老板却又会把你叫回来80元卖给你。因为你的转身就走，就是告诉他你不想要了，而老板不知道你其实是“想买的”，那么就是少赚一点他还是会做这笔生意的。但如果你“苦苦”地和老板哀求，说你就想要这个东西的话，那么老板在心里就会“吃定你”，打死也不会降价将东西卖给你的。

身在职场，这一招我们同样适用。就是说，你在工作中，有时也不能直接“暴露”你的目的。否则，就会显得你急功近利，你的“价格” 就砍不下来，你也就得不到你想要的东西。对此，不妨试试用声东击西的方法，说不定会给你带来意外的收获。

小张是一家软件销售公司的员工，平时工作踏实，积极努力，总是抢着干活，同事们也常夸他努力。小张总是笑着回答：“像我这样没有背景的新人，不努力的话，哪会得到老板的重用啊？”这说得是有理，但往往总是真心讲“错话”。不久，公司里便有了这样的谣言，说的是小张爱出风头，好大喜

功，总喜欢在别人面前炫耀自己是多么多么地能耐。

小张为此而痛苦不已，但偏偏祸不单行，最近公司派他去竞争的一个大单子又跟丢了，尽管他是用尽了“花言巧语”，把自己的产品说得天花乱坠，但客户还是无情地拒绝了他。在这种双重的压力之下，小张无奈地选了“退隐江湖”。

小张在“下岗”之后，也曾仔细地反思自己到底是哪里做错了，但始终百思而不得其解。后来在一位高人的指点下，他终于认识到了自己的不足。

再就业以后，小张在新公司里仍然是踏实努力，但当别人夸他的时候，他却只婉转地说，“混口饭吃不容易，拿公司的钱，当然就得为公司出力，不然弄不好的话又得下岗呢！”结果，老板和同事们都说，小张这年轻人工作踏实，没有野心。过了不久，好不容易在新公司迎来了一张大单子，而这次小张没有像以前那样，把自己的产品吹得“水都能点着灯”，而更多地谈及怎样将软件应用到公司的管理中去，以及怎样处理在管理方面出现的漏洞问题，而对自己的产品却是只字未提。

当小张的话讲完了之后，客户便热情地把小张拉到一旁去说话。结果，一份大单子就这样签到手了。新老板也夸小张能干，不久便升他做了销售经理。

为什么小张以前会遭遇“滑铁卢”，而日后却一帆风顺呢？主要是小张以前的目的暴露的太明显了。因为人人都想得到老板的重用，有你这样的“对手”在，别人当然会不舒服，

说你几句不好听的话是在所难免的。而人人都这么说，你在同事之间就不好相处了。传到老板的耳朵里，老板就会觉得你急功近利、好高骛远，你的日子就难熬了。同样的，在推销自己的产品的时候，客户又怎能马上相信陌生的你呢？尤其是当你在吹嘘自己产品的时候，客户只会觉得你只是想推销产品，是在忽悠他，当然就不会买你的产品了。但要是能“声东击西”，给别人造成假象，掩盖你的真实目的的话，别人就不会觉得你会对他的发展构成威胁，老板就会觉得你踏实努力，客户也会觉得你实事求是、对你产生亲切感，于是对你的心理防线就会逐渐地放松，那么成功的机会就会大很多了。

有些人表面上是在做赔本的买卖，但实际上是在赚钱，这主要就是因为他们赚的是你不知道的钱。就像有些自助火锅，素菜不要钱，但是荤菜和饮料要钱，表面上看这是很实惠，殊不知，很多菜的成本是很低的，他送给你的远远比不上你在他这里消费的钱多。同样，在职场中，往往也是越“不图名利”的越会得到老板的赏识和重用。只不过，他们的“赔本”和“不图名利”是一个假象，别人看不出来而已。

所以，身在职场，千万不可以轻易地暴露你的目的，否则你将会面临重重的压力和打击。最好能采用“声东击西”的方式，给你的对手造成假象。那么，你将会减少很多不必要的麻烦和阻碍。

善于借力，以弱胜强

所谓“四两拨千斤”，便是借力打力、以弱胜强的攻击方式。在武侠小说里，以这招而扬名的共有三人：第一个是“以彼之道还施彼身”的姑苏慕容复；另一个便是在百岁之际，创下“太极拳”的武当张三丰；最后一个则是身怀“乾坤大挪移”绝技的明教张无忌。但真正将这一招运用至化境的，还是《西游记》中，万里取经的大唐圣僧唐玄奘。因为他的“普度众生”，不但借来了唐王李世民的力量，而且借来了满天神佛的力量。于是，他便成为了大唐天子的“拜把兄弟”，变成了战斗力超强的孙悟空的师傅。一路走来人人都不敢阻拦，偶尔遇到两个孙悟空搞不定的妖怪，玉皇大帝和观音菩萨还来帮他搞定。达到了这种层次，你说谁能比得上他?

我们在现实中，难免也会遇到像“唐僧取经”这样的困难，自己无法解决的时候，试试借力打力，或许就能“四两拨千斤”。

小闵是一家书店的老板，经营方式以出租为主，由于脑筋灵活、能说会道，生意做得颇为红火。但所租的门面最近要拆迁，迫不得已的情况下，小闵也不得不转移“根据地”。

但是这么多书，自己怎么搬得完啊，要是请人来搬的话，那也得花上一笔钱啊！虽说书店之前的生意好，但也是小本生意，小闵可舍不得花这个钱来请人。而且这一转移，不免会丢失一部分的顾客。小闵为此可真是愁得吃不好、睡不好。

倒是后来他的朋友小英给他出了个主意，轻松搞定了这个事情。小英的办法就是：免费将这些书借出去，条件就是要多借几本，而且不是还到这里，而是还到新书店去。这样不但省下了人力、财力，还给新书店作了一次免费的宣传，比收费租书的收益更加可观。

小闵一听，拍案叫好，于是便将告示贴了出去。结果，一个星期之内就把所有的搬迁工作完成了，而且这次免费借书，不但挽留了一大部分老顾客，还招来很多新顾客。现在的小闵，可是心里笑开了花。

毛主席说，人民群众的力量是无穷无尽的，小闵通过向广大人民群众来“借力打力”，浩大的搬迁工作，便成小菜一碟了。其实，我们可以借来的不只是力气，很多时候，我们还能借来名气和利益。

一个月前的杰克，在老板眼里是最笨的除草机推销员，因为几个月下来他都没卖出去一部机器。为此，老板不得不给杰克下最后的通牒：“如果在这个月里，还是没有业绩的话，你就给我卷起铺盖走人。” 杰克为此也是烦恼不已，总不能自己来买一台吧？算算自己身上的钱还不够，老天也真是太会捉弄人了。

一日，杰克正在心不在焉地看着报纸的时候，突然有一个消息让他眼前一亮，原来报纸上登出了一张“草长莺飞”花园

照片，而这个花园里住着的，是当今的总统。

于是他写了一封给总统，信里说道："亲爱的总统大人，我知道您日理万机，家庭的重担都落在您美丽的夫人身上，她不但要打理家务，还得为您照顾孩子。但是你曾经美丽的花园，那里的草已经长得很高了。我明白您无暇照顾家里，那么我愿代表所有公民，为您做件事：希望我的除草机，可以为您的家庭尽一点微薄之力。"

总统看罢很是感动，于是便买下了杰克手里的除草机。这件事很快便传遍了大街小巷，人人都知道了，总统家里用的除草机是在哪里买的。在一个月后，杰克的除草机很快就被抢购一空，杰克也从一个快要失业的穷光蛋，变成了一个全国知名的推销员。

从这个故事里，我们可以看到，杰克正是借用了总统的名气成就了自己。假如你也是一名推销员的话，面对你的顾客就不能一股脑儿地介绍自己的产品，而是首先要看看你是否可以"借力打力"。

身在职场，面对着越来越激烈的竞争，我们遇到狂风巨浪也是在所难免的。也许我们个人的力量是微不足道的，单凭自己就想力挽狂澜也是很困难的。这个时候，我们就要学会给自己找一个帮我们渡过难关的港湾。这个港湾，就是除"我"以外的外在力量，可以是我们的朋友，也可以是陌生人，可以是我们的领导，甚至是我们的敌人。关键就看你会不会从别人那里“借力”。

《劝学》有云：“登高而招，臂非加长也，而见者远；顺风而呼，声非加疾也，而闻者彰……君子生非异也，而善假于物也。”这一语，便道破了“四两拨千斤”的真谛，这个“假”便是“借”。我们有船便能航海，我们有飞机便能飞天，善“假”于物，我们便能人所不能。所以，在职场中，学会了借力打力的“四两拨千斤”，我们便就可以成为“笑傲江湖”的绝顶高手了。

知己知彼，百战不殆

电影《东邪西毒》里有这样的一个故事：盲剑客为了筹集回乡的盘缠而去杀一群马贼，但这位盲剑客是眼盲心也盲，在不了解马贼的实力的情况下贸然行动，结果丢了小命，连心爱的“桃花”也无缘再见最后一面，化作了一具“会说话”的尸体。为什么说，尸体也会说话呢？因为他的“老板”欧阳锋，在他的身体上看出了致命的一刀是用左手刺出来的。也就是说，在这群马贼当中，有一个擅用左手刀的高手，如果除掉了他，那么剩下的马贼只是虾兵蟹将，不足为患。于是，他将敌人的秘密告诉了他的下一个刺客——洪七。结果，在下一场与马贼的恶战中，洪七的眼睛始终在搜索用左手的人，终于一刀

砍下了那只使快刀的左手。众马贼惊慌不已，被洪七杀得人仰马翻。所以说，盲目地出击必将付出惨痛的代价，要想克敌制胜，事先还得要知己知彼，提防那只隐形的“左手”，这个道理在职场中同样适用。

小薇毕业后，已经工作6年了，现在是总经理助理。在这六年里，无论做什么她都非常认真地对待，工作上从未松懈过。

刚来这家公司的时候，她对什么都感到新鲜和好奇，就算是客户的一个电话，她都把它当成是学习的内容，其他的处理技巧，就更不要说了。这一切的努力没有白费，终于让她得到了领导的赏识，在工作半年后，她就被提升为主管，这一点极大地调动了她对工作的热情。

在往后的日子里，小薇还是一如既往地工作和努力，职位也在一直在往上升，直到三年前升到了总经理助理的位置。但自此以后，就没有再升了，因为再往上升的话，就是总经理的位置了，小薇不是不想，只是觉得难度太大，但是她对工作一直没有放松过。

终于，有一天机会来了，因为总经理因病离职了。小薇放眼公司上下，其他部门的经理虽也较为出色，但感觉比不上自己，看来总经理的位置是非她莫属了。于是她便继续忙着自己手上的工作，等待着好消息的到来。

可当消息公布下来以后，小薇简直不能相信自己的耳朵。因为，公司已经宣布下一任的总经理是业务部的程经理。直到

这时候她才知道，在总经理离职的时候，程经理接下了一个大单子，而且事关对公司新市场的开拓，结果赢得了上层的青睐而“荣登大宝”。小薇当时那个后悔啊！如果早知道程经理的计划的话，她就不会败得这么惨了，可这个时候谁还和她说这些呢?

其实，这样的事情在职场屡见不鲜，本以为自己会稳坐头把交椅的人，往往最后都会与头把交椅失之交臂，就像上面这个案例一样。论资历，小薇是当仁不让的最佳接班人，但往往就是在这种情况下，就会让像小薇这样的人变得松懈，没有认清对手的情况，于是就忽视了别人的隐形“杀招”，最后败下阵来也就不足为奇了。

所以，在职场上千万不可忽视你的对手，尽管就算是在你占优势的情况下，还是不能贸然进攻。否则，“敌暗我明”，一经出手往往便会让自己吃个大亏。毛主席在《论持久战》中就说过：“战争不是神物，仍是世间的一种必然运动，因此，《孙子》的规律，‘知彼知己，百战不殆’，仍是科学的真理。”我们身处职场这么样一个大环境下，可谓是处处危机。要想在这里出人头地，就必须要“知己知彼”，才能“百战不殆”。因为只有了解到别人的短处和自己的长处，才能以己之长克敌之短，让自己立于不败之地。

第11章　灵活变通，深度沟通后更易成事

情商高的人，做事不死板。有的人做事严格按照规矩，稍有不慎便如履薄冰、战战兢兢，即便在应该灵活变通时也不敢妄自行动；而情商高的人做事却不拘于规则，可以想出很多方法，从而赢得做事的成功。

另辟蹊径，往往豁然开朗

在工作中我们经常见到这样的现象：同样的工作任务，有的人能够十分轻松地完成，而有的人在筋疲力尽之际却依然会出现这样或者那样的问题。其中根本性的区别就在于，前者用脑子在工作，用机智去想方法解决问题，能够寻找到更快更好的方法，而后者只停留在表面的肢体劳动中，遇到了问题只知道坚持坚持再坚持，却没有想过抽出身来，寻找一个新的道路。假如我们想要顺利地解决面临的一些问题，想要成为事业和工作中的强者，就应该灵活一些，多思考一些解决问题的方法。

此路不通，就应该尝试着换一条新的路走。无论工作还是生活，遇到一些矛盾或者是问题的时候，采用普通的方法如果不合适的话，不如选择一条新的道路。尽管那一条路没有走过，也可能会浪费一定的时间，但是，只要是能够达到想要的

效果，就应该去走一走试一试。

一家公司的几个员工在为一栋刚刚竣工的大楼安装电线。在一个地方，他们需要把电线穿过一条25米长、但是直径只有3厘米的管道，而这个管道砌在了砖石中，并且拐了几个弯。几个员工对此都感到束手无策，觉得这项工作无法完成。

后来一名员工灵机一动，想到了一个非常好的主意：他跑到市场上买了两只白鼠，一只公的，一只母的。他在公鼠的身上绑上一根电线，并把他放在管子的一端。另一名员工则把那只母老鼠放在管子的另一头，并且用手捏它，让它发出吱吱的声音。这端的公鼠听到那头母鼠的叫声之后，就沿着管子向前跑去，在跑的过程中又拖着那根电线。当公鼠走到母鼠面前的时候，两根电线也连接在了一起，穿电线的难题最终得到了圆满的解决。后来，公司的老板听说这件事之后，就对想出这个点子的员工大大夸奖了一番。

一项行动能否取得圆满的成功，最主要的取决于实现目标的手段是否完美。在难题面前，一个意志坚强的人未必能够比脆弱的人取得更大的成功，这是因为意志坚强者在解决问题的时候只注重了坚持就是胜利的格言，却经常会忘记勤于动脑的原则。在棋坛上有句话叫“一招不慎，满盘皆输”，我们从这句话中就可以清楚地体会到思考的重要性。

人们常说“东边不亮西边亮”，在一条道路上碰壁的时候，我们没有必要撞到南墙不回头，继续采取直接进攻的方

式，而是应该让自己冷静下来，动一下脑子，想一些别的出路。一旦你愿意换一条新的道路，就会有“柳暗花明又一村”的效果，一些看似没有希望的事情也就会出现转机了。

有一个房地产开发商准备建一处小区，却碰到了“钉子户”。这个“钉子户”是一个比较固执的老先生，他明确表示，无论开发商给多少钱他都不会搬走。这位老先生认为，开发商都是一些被铜臭腐蚀了心灵的家伙，眼里除了钱之外什么都没有。因此，开发商提出的价位越高，老先生的态度越坚决。

开发商非常着急，可是用金钱的方法摆不平，只好另想办法。他托人去老先生家里，告诉他说，可以不用搬家，安生在那里住着就可以了。另外，开发商还找人把老先生的院子装修了一下，而老先生却并不领情，只是冷冷地看着。但是，开发商并没有气馁，而是一连几个星期都派人去帮助他打扫院子，还免费送一些东西。时间久了，老先生都感觉不好意思。

后来，老先生决定找开发商谈一下，看看他葫芦里究竟卖的是什么药。来到公司之后，按照规定应该换上拖鞋，但是一时间没有多余的拖鞋，领班小姐见状，二话没说就把自己的棉拖鞋脱下来给老先生换上，她自己则光着脚上楼。老先生坚硬的心顿时被融化了，还没有走到开发商的办公室就决定将房子卖给他。

老先生说：“不为别的，只因为你们公司是一个有人情味的公司。”

面对强硬的“钉子户”，用硬碰硬的方法肯定是不行的，用高价“收买”的方法更行不通，要想让他“就范”，只能走打温情牌这一条道路。事实证明，开发商获得了成功。

法国作家勒农说：“你不要着急，我们所走的路是一条盘旋曲折的路，要拐很多的弯，兜很多的圈子，时常我们觉得好似背向着目标，其实，我们是越来越接近目标。”因此，当一些事情用正常的手段无法解决的时候，我们就应该尝试着换一条新的道路，尽管，从表象上看去，或许这条道路有点远，要费一些波折，但它是最正确的道路。

互惠互利，主动沟通求合作

有很多人都比较崇尚个人英雄主义，一个人独来独往，将所有的责任都由自己一肩挑，既不愿意帮助别人，也不愿意让别人来帮助自己。他们认为这样做是潇洒的表现。如果让他们和别人进行合作的话，他们往往会不乐意，因为他们觉得，和别人合作，就应该考虑一下别人的意见和感受，还要照顾别人的做事进度和做事风格，这样就会给自己带来很多的麻烦。有这种想法的人，一般是才华横溢能力超群之辈。不过，这种逞个人之能，不愿意和别人进行合作的做事风格让人不敢恭维。因为他们太过于自负，喜欢一意孤行，总觉得自己很了不起，单打独斗的时候不会感觉到身单力薄，也没有发现自己的缺

点，反而认为这样是“乾纲独断”“个性鲜明”的表现。殊不知，当他们陶醉在一个人的世界里的时候，已然失去了别人的支持和帮助，也失去了改进自己让自己变得更强大的机会。

逞个人之能的“独行侠主义”是人生前进中的绊脚石。喜欢孤独，不愿意合作的人，不可能和别人进行良好的沟通，也不可能会和合作伙伴进行默契地配合，更不可能会为团队的成长和发展作出积极又有持久的贡献。无论他的能力有多强，最终都不可避免地会走向失败。美国苹果公司的创始人之一——史蒂夫·乔布斯是一个非常有能力的人，曾经有人这样评价他：“我们就像小杂货店的店主，一年到头拼命干，最后才积攒了一点财富，而他却能用一晚上的工夫来超过我们。”乔布斯22岁的时候开始创业，创业之初，他一文不名，但是在短短的四年之后，就拥有了2亿多美元的财富。很多人都认为乔布斯是一个经商的高手，创业的天才。在别人的吹捧和赞叹之下，乔布斯开始飘飘然起来，身上那些让人头痛的性格也暴露无遗。

乔布斯骄傲自大，做事风格比较粗暴，非常看不起手下的员工，和别人在一起的时候，就像一个高高在上的国王一样。因此，公司的员工们都很怕他，像躲避瘟疫一样躲避他。很多员工竟然怕到了不敢和他一块坐电梯的地步，因为那些员工觉得，一旦和乔布斯同乘电梯，就会有电梯门还没有打开自己就被炒鱿鱼的危险。

一般员工不喜欢史蒂夫倒也罢了，但是，就连他亲自聘请

的公司高管——优秀的经理人、原百事可乐公司饮料部总经理斯卡利也非常讨厌他，甚至几次在公开场合宣称："苹果公司如果有乔布斯在，我就无法执行任务。"

两个人的矛盾越闹越大，最后竟然达到了水火不相容的地步，公司董事会不得不研究两个人谁去谁留的问题。后来，董事会在公司里作了一项调查，结果绝大多数员工都坚决要求开除乔布斯，留下善于团结员工的斯卡利。最终，董事会作出决定，解除了乔布斯的全部领导权，只保留了董事长一职。

为苹果公司立下了汗马功劳的乔布斯能力不可谓不强，但是，他太自负，看不起别人，不愿意和别人进行合作，凡事都喜欢按着自己的性子来。这种"雷厉风行"的做事风格，极大地打击了员工们的自尊心和工作积极性，同时也招致了很多人对他的怨恨和不满。因此，也就对公司产生了很大的负面影响。后来，公司在忍无可忍的情况下，只好忍痛割爱，把他给开除了。

无论一个人的知识多么丰富，经验多么充足，工作多么优秀，能力总是有限的，他的个人力量也是很单薄的。要想让自己的才能得到最大限度的发挥，就应该主动和别人进行合作。只有和别人进行合作，才能够产生优势互补，实现效益的最大化。比如说，一个医术精湛的医生，要想成功地完成一项手术任务，除了自己要具有精湛的专业技能之外，还应该和几个技术熟练的护士进行配合。如果他自认为医术高明，拒绝和护士合作的话，恐怕连一个小手术也做不成。因此，无论我们自己

的才华多么出众，技术多么成熟，都应该保持一份谦逊的心态，主动和别人进行合作。因为，只有和别人进行合作，我们的事业才有建树可言。

在生活中，总有一些人把和别人合作当成依赖心的表现，他们忘记了“众人拾柴火焰高”“一木难支大厦”的道理。合作，绝不是丧失尊严地依赖别人，而是善于借力更快地达到目标的一种机智的方法。须知，合作能够产生巨大的能量和力量。善于和别人合作不仅为自己能力的发挥创造一个良好的客观环境，还能够在各方的相互帮忙之中产生一种新的力量。最成功的事业绝不是靠单打独斗得来的，而是在相互配合的人之中创造出来的。

如果一个人的能力是航行在大海中的船只的话，那么合作就是高扬在船头上空的风帆，推动着船只的前进；如果一个人的力量是东方朝日的话，那么合作就是四周的朝霞，两者共同描绘出美丽的景象。合作能够让我们投入有限的精力获得无限的成功，合作能够让我们每一个人更好地去工作和生活。故而，在工作和生活中，我们千万不能逞匹夫之勇，而是应该学会互补互利，主动和别人进行合作。

运用创新思维和沟通语言，迷惑对方

狼是凶猛的动物，不过，它们在和对手作战以及捕捉猎物的时候，从来不会恃强猛攻，通常都是不按常理出牌，喜欢用奇特的方式来让对方摸不着头脑，以获得最后的胜利。狼的这种智慧，是人类应该学习的。

狼虽然没有发散思维的概念，但是它们常常用发散思维来做事。那么，什么是发散思维呢？心理学家们给出了这样的解释：发散思维又称求异思维、辐射思维，它是指从一个目标或思维起点出发，沿着不同方向，提出各种设想，寻找各种途径，解决具体问题的思维方法。发散思维是高级动物特别是人类最基本的一种思维形式。这种思维主要表现为两项思维、创意思维、颠倒思维等等。一个人运用发散思维的次数越多，他所获得的机会也就越多，成功的概率也就越大。

哲学家告诉我们说，不同的事物都有着不同的方面，不同的事物之间也总是存在着一定的联系。而发散思维，正是建立在这一哲学基础之上的思维模式。这种思维具有发散性、多维性、求异性、想象性和灵活性等特点，在发明创造中起着非常重要的作用。发散思维可以让人们摆脱固定思维模式的束缚，在思考问题的时候能够不落俗套，别具一格。它可以通过新知识、新观念的重组和组合，产生出更多更新的答案，创造出更多解决问题的方法。因此，发散思维在创新过程中扮演着极其重要的角色。无论是科学研究也好，还是解决正常的问题也罢，如果能够灵活地运用发散性思维，用不平常的眼光去观察大家所熟悉的事物，就能够有所突破和有所创新。

有很多人在思考问题的时候，往往习惯进入一种思维定式之中。这是很可怕的，这样做不但不能让问题得到有效的解决，还有可能导致脑子的僵化。因此，我们一定要懂得拒绝思维定式，学会运用发散思维，努力地从不同的角度和不同的层次去思考问题，观察问题。

我们生活在一个瞬息万变的社会中，绝不能一味地恪守固有的经验，而是应该像狼一样，积极思考，从不同的角度去看问题。如果我们事事处处都要用经验主义来思考的话，势必会进入歧途，也势必会给自己的生活和事业带来非常消极的影响。

不急于出击，观望后再做决定

人们在做事的时候，通常会遇到一种情况，那就是不知道该怎么做，拿不定主意。这样的时候并不少见，面对这样的情况，不同的人会作出不同的选择。有的人选择直截了当，凭着自己的感觉，喜欢什么就作出什么样的决定；有的人则很犹豫，不知道该怎么办，怕一旦失误便前功尽弃，于是就选择退缩或者放弃；还有的人选择暂时停止，在原地停留持观望态度，保持中立。从这三种情况来看，比较可取的是第三种。这是因为如果突然冒进也许会遭遇重大失败，而到此为止放弃，恐怕就会错失之后的机会，所以先观望无疑是最好的选择。

1.不要轻易下结论

很多人喜欢在事情发生的时候不分青红皂白地下结论，尤其是对于一些拿不定主意的事，结果造成了损失。尤其是那些比较敏感的社会或者政治性的问题，如果轻易下判断，往往会出现错误，这样的错误一旦出现都是很难挽回的，甚至会造成大规模的恐慌或者是动乱，最后会有更多的人为此而受到伤害。因此，领导者更应该在重要的问题上三思而后行，不要轻易下结论。

2.要果断，不要武断

果断和武断是两个不同意义的词，我们提倡的是果断，而不是后者。因为后者没有经过细心的思考，没有做相关的工作，是在妄下结论。

刘强平时做事很认真，可是有一个毛病就是对所有的事都喜欢轻易下结论，而且很喜欢自己作决定。一天，刘强被老板结结实实地骂了一顿，原因就是他没有对工作计划作评估，也没有请示上司，自己觉得这个计划很有特色，没有问题，就签字通过了。结果，这个工作计划虽然很有特色，但是不符合部门的实际情况，无法实行，同事们的心血就这样付诸东流了。

从这个事情来看，自己只是按照自己心里的计划行事，而忘记了听取他人的意见，这种过于武断的行为，必将埋下种种隐患。所以，在需要作决断的时候，要想一想是不是要和别人交流一下，这样才能够使自己的方案比较靠谱。而对于拿不定主意，就要保持中立，切忌武断行事。

3.要灵活把握

很多人在一些事情上总是认为必须要拿出个什么样的方案，这样的想法是没有错的，但是，如果确实拿不定主意，却还要硬采取一些措施，那么就不太好了。所以这时候要灵活一些，多观察，先保持一种中立的态度，不要激进也不要保守，没准下一刻就是解决问题的最佳时机。

拿不定主意，就不要拿，找一个合适的理由，保持中立，坐观其变，这不是消极怠工，而是避免大的损失。所以，时刻保持头脑的冷静和灵活是很必要的。

思维灵活，别在一条道上走到黑

当思维走进了死胡同，那就需要进行思维变通，在很多时候，意想不到的思维变通会给我们带来很多惊喜，而这是正能量的开始。在漫漫人生路上，许多人利用思维的变化找到了成功的机会，相比之下，那些不善于变通的人，纵有一身过硬的本领，也会因为不懂得因时因地变通，而无法捕捉和把握稍纵即逝的机会，从而无法成功。甚至有的时候，机会向他迎面走来， 他让成功与自己擦肩而过。

生活中最大的成就是不断地自我改造，以使自己悟出生活之道。的确，在很多情况下，外物是无法改变的，我们能改变的就是我们的思想。遇到困难和变化时，让思维尽显其灵活和多变的本质，往往能得到更好的解决问题的方法。

成功是怎么来的？当然源自一切行之有效的方法。方法又从哪里来呢？自然是源自出其不意的思维变通。当你在迷茫之中找不到任何办法的时候，不妨出去走一走，打开自己的思维，改变思维，说不定可以在某个角落找到恰当的方法。

1.不被传统思维束缚

当然，如果你需要改变思维，那首先需要把残留在脑海里的传统思维清理掉，这样才能腾出地方进行思维变通。在现实生活中，那些墨守成规的人是无法想出好点子的，因为他们的思维总是在原地打转，因此，我们要想进行思维变革，就不要被传统思维所束缚。

2.力求最奇妙的思维

意想不到的思维往往是奇妙的，看似不可思议，却又合情合理。1870年，查理斯·艾略特出任哈佛大学校长后，特意去找当时著名的史学家亨利·亚当斯，想聘请他出任中世纪历史的教授。起初，不管艾略特怎样苦苦劝说，亨利·亚当斯都没有任何表示，后来，亨利·亚当斯谦虚地说："校长先生，我真的一点儿都不懂中世纪的历史。"听到他的回答，艾略特校长则客气地说："如果你能够为我举荐出一位学者比你懂得更多，那我就聘请他。"结果亚当斯只好接受了聘请。

第12章　心胸宽阔，沟通中不与人计较

情商高的人，做事有胸怀。他们眼界高阔、胸怀广阔，在做事时往往不计较得失，不在乎眼前利益，具有前瞻性地望着远方。从短时间来看，他们是失利的，但从长远来看，他们赢得了很多东西。

心胸宽阔，沟通中不与人计较

在这个竞争的年代里，我们每一个人都有可能受到一些这样或者是那样的伤害。在很多时候，我们可能会眼睁睁地看着自己的智慧被夺走、劳动成果被窃取、爱情被摧残、成绩被埋没、人格被侮辱……当这些意外的事情发生的时候，我们难免会伤心、会愤怒，这都是很正常的。不过，当愤怒的情绪过去之后，我们应该尽快地让这些不快消失掉，绝不能耿耿于怀，更不能为了出一口恶气而想方设法地去报复别人。为什么要这样说呢？因为处心积虑地报复别人虽然会给自己心理上带来一些暂时的快感，却会让我们失掉别人的支持和帮助，是得不偿失的。毕竟，有很多伤害是别人的无心之错，如果你抓住别人错误不放的话，既显得自己心胸狭隘，还会让那些想和你重归于好的人望而却步，退避三舍。

俗话说得好，“冤冤相报何时了”，当你费尽心思去打击报复别人的时候，就会让双方的矛盾进一步恶化，让仇恨进一步加深。再者，你报复别人，别人也会采用更激烈的方式来报复你，你就可能会受到新一轮的伤害。受到了新一轮的伤害之后，你不会善罢干休，忍气吞声，还会想办法进行新一轮的报复。这样一来，你就会在报复和反报复的恶性循环中苦苦挣扎，也就没有了做事的时间和精力，到头来，你除了一身的伤疤之外，什么都得不到。

别人对我们的伤害只会让我们失去一些暂时的利益，如果我们为了一些小事而大动干戈、挥拳相向的话，很可能就会赔上自己终身的幸福。因此，我们没有必要为了一些小事而对伤害到自己的人进行无情的打击，而要把心胸放宽一些，多一些宽容的精神。宽容精神对人对己都是有好处的，因为它不但能够抹去我们心头上的不快，同时也能让对方产生愧疚，对我们产生钦佩之情，更可能会和我们建立深厚的友谊。

1754年，已经被提升为上校的华盛顿率领军队来到亚历山大市驻防。当时正赶上了弗吉尼亚州的议会议员选举。其中，有一个叫威廉佩恩的人坚决反对华盛顿支持的一个候选人。两个人为此发生了很多次争吵，但是谁也没有说服谁。

有一次，华盛顿和佩恩两个人又在选举的问题上展开了一场激烈的争论。在争论的过程中，情绪激动的华盛顿因为一时口误，不小心说出了几句带有侮辱性质的话。脾气暴躁的佩恩

见华盛顿如此不尊重他，顿时怒不可遏，当场挥动手中的山核桃木手杖朝华盛顿打去。就这样，没有任何准备的华盛顿被打倒在了地上。华盛顿的手下看到自己的长官被别人打了，就准备走上前来为他报仇。华盛顿见状，赶紧阻止住了他们，然后带着他们离开了现场。

第二天早晨，华盛顿托人给佩恩带来一封信，邀请他到当地的一个酒馆里会面。佩恩接到信之后，心中忐忑不安。他觉得此次华盛顿一定会要他道歉，如果不道歉的话，说不定就会有一场恶斗。佩恩不想去，但是又觉得如果不去的话会被别人讥讽为胆小鬼，于是他就硬着头皮赴约了。

佩恩在动身之前，作好了决斗的准备。他到了酒店之后却发现，他看到的不是手枪而是酒杯。华盛顿看到他之后，从凳子上站起来，笑容可掬地欢迎他的到来，并且伸出了手对他说："佩恩先生，我为昨天的鲁莽向您表示道歉。昨天的确是我的过错，请您原谅我的过失。当然，您在昨天的举动已经为自己挽回了面子，如果你觉得已经不再生我的气的话，就请您紧握住我的手，让我们做个朋友吧。"

一件充满了火药味的争执事件就这样获得了皆大欢喜的结局。从此之后，佩恩成为了华盛顿的好朋友和坚定的支持者。

在和别人发生矛盾和冲突的时候，华盛顿的处理可以称得上是一个典范。因为他知道，如果因为别人伤害了自己而得理不饶人，想置对方于死地的话，不但会于事无补，还会失去一份弥足珍贵的友谊。如果能够化干戈为玉帛，用另外一种方式去“报复”别人的话，不但能够消除仇恨，还能够为自己增添魅力，树立一分威信。

路易斯密得说：“也许在很久以前，有人伤害了你，而你却忘不了那件不愉快的往事，到现在还痛苦不堪，那就表示你还继续在承受那个伤害。其实你是很无辜的，你要了解到，你并不是世界上唯一有这种经验的人。赶快忘掉这不愉快的记忆，只有宽恕才能释放你自己，让你松一口气。”如果我们一直对于别人的伤害耿耿于怀，处心积虑地想着如何去报复对方的话，很可能就会将自己的生活毁掉。

有一位政治家曾经说过：“面对政敌，不能只想着去消灭和打击他们，而是要和他们成为朋友。当彼此成为朋友之后，政敌就不会存在了。”面对政敌尚且需要这样，更不用说面对那些曾经给我们造成了不愉快的人了。因此，在做生意的时候，和别人交往的过程当中，我们应该放弃过去的恩怨，用宽广的心胸来对待别人，学会化敌为友，争取得到他们的支持和帮助。这样的做法，从小处说能够给自己带来各种有利的因素，可以推动事业的发展，从大处说，这样做是一种至高的人生境界。

表达感恩，感谢那些对你伸出援手的人

每个人都会努力去取得成功，那么在取得成功的那一刻，你想到了谁？无疑是那些给过你帮助和支持的人。一个人在取得成功的时候，千万不要忘记那些曾经帮助过你的人，如果你能够在第一时间想到他们，那么你将会在今后获得更多的荣誉和财富，因为你积累了人脉，而且是那些最有效用的人脉。所以，在任何时候，在自己的任何阶段都要记住，自己的成功要与那些帮助过自己的人一同分享。

1.不要吃独食

在获得成功后，不同的人会有不同的反应，有的人会兴高采烈地告知自己的家人，和他们分享喜悦；有的人会告知自己的朋友，特别是那些帮助过自己的好兄弟好姐妹；还有一些人会选择沉默，他们从来只会把成功归结于自己的辛劳，而将那些向自己伸出过援手的人抛在脑后，这是一个很不好的做法。

明朝有个大臣，叫王守仁，字伯安，别号阳明。正德十四年（1519年），他带着剿匪的队伍在行军途中，遇到南昌的宁王朱宸濠起兵造反。一面上报朝廷，他一面号召各地勤王，另外，他立即下令，召集儿童团、民兵、游勇加入平叛队伍。一两个月的工夫，他就把宁王的叛军给平息了。接下来，老王的作为更让人目瞪口呆了：被俘虏的反王朱宸濠被放了出来，再由大明正德皇帝和亲信太监张永派人给抓了回来，最后的结果

是功劳属于皇上。

有功就有赏，有过就有罚。那么，在这场剿匪的过程中，王守仁无疑是立了大功一件，等着皇上封赏不就得了吗，为什么最后又导演了一出“捉放戏”呢？是王守仁傻吗？显然不是的。没有得到朝廷允许，就抓了大明宁王朱宸濠，为是大罪一件，所以，这时把功劳让出去，自己的命就保住了。另外，皇上也会更加重用他。所以，功劳是要与人分享的，不能吃独食。同样的道理，在企业中，切记不要和自己的领导抢功劳，否则会很惨。还有就是有了功劳不要吃独食，要记得感谢领导，这样才能让自己在功劳之后获得真正的“和谐荣誉”。

2.要分享经验

在自己取得成功之后，要和帮助过自己的人分享喜悦，同事间不要忘记分享彼此的经验，这才是实打实的喜悦。自己成功后帮助别人获得成功，这是一件绝对高尚的事。然而，这样的事情说起来简单，做起来又有几人能够心甘情愿？所以，要在平时就让自己明白，自己的成功没有别人的帮助是很难的，因此要知恩图报，以自己的成功经验帮助他人成功是理所当然的。

3.分享成功，促进关系

很多时候，成功之后与帮助过自己的人分享快乐，不但能够让对方感到你有一颗感恩的心，而且能够促进彼此间的往来，使关系更加密切，这对你的人际交往是非常有利的。

小郑的丈夫是一个科研工作者，每年在家的时间几乎几个

手指头都能数过来，但她为了他的事业和梦想从没埋怨过他。这天，小郑正在家休息，丈夫打来电话，她很惊喜地接起来，正问丈夫为什么今天没忙着工作，想起自己来了，当然其中有撒娇的成分，丈夫说："老婆啊，你知道吗，我们的项目成功了，这个项目一共做了5年，今天终于成功了，我知道这里面也有你的功劳，所以给你打电话，分享我们的喜悦。"此时小郑听到那边如雷的掌声，立即感动得哭了，她替自己的老公感到骄傲和自豪。

丈夫成功了，没有忘记小郑，和自己的妻子共同分享喜悦，两个人的感情无疑更加深厚了。

成功是每个人都会获得的，只不过每个人对成功的定义不同，但不管如何，都不要忘记了那个帮助过你的人，要记得与那个人分享你成功的喜悦。

看开便自在，输了又如何

对于我们来说，一定要明白，输得起，才能赢得起。无论面临多大的挫折和灾难，我们都应该学会心平气和地来看待它，尽最大的努力去克服它，而不能在失败面前丧失理智，选择躲避或者是自暴自弃。

既要赢得起也要输得起，是一种成熟而又理性的宽广胸怀。生活中难免会有输赢，既然输了，就应该面对现实，理性

对待。只有输得起，才能放得下、看得开，同时也能为下一步的重新站起打下良好的基础。

古人说“胜败乃兵家常事”，在生活中谁也不可能一直是胜利者。只有能够承受住失败的摔打，经受住失败的磨难，才会成为生活的强者，只有输得起的人才有可能再次成功。

古往今来，许多成大事者都是因为输得起最终才获得成功的，而那些怕输的人最终却输得很惨。布衣天子刘邦，多次被对手打得大败而逃，惶惶如丧家之犬，但是他看得很开，放得下，能够乐观面对，因此就成为了笑到最后的人。他的对手项羽，尽管力大无穷，英勇善战，却因为输不起，觉得失败之后“无颜去见江东父老”，也只能落得个乌江自刎、身首异处的下场。

对“英皇集团”老板杨受成来说，每年的8月30日是一个非常重大的日子。数年前的这天，他一无所有，全身最值钱的就是一块手表。

事隔10年，已经拥有了10亿港元身价的杨受成在讲起这段经历时，心情很平静：“那天，汇丰（银行）打电话给我，叫我立即去当时的汇丰总行。我到了那里之后，他们递给我了一封信，然后又告诉我要接管我所有的财产。除了公司、房子、汽车之外，还有我身上的信用卡都要拿来抵债。当时我身上只剩下了一只手表。”

在这之前，年仅40岁的杨受成，已经拥有了一家属于自己

的上市公司——好世界市场高效有限公司。杨受成春风得意，活跃在香港的钟表界、珠宝界、地产界及至股票市场。

然而天有不测风云。1982年年初，香港地产业出现了危机。杨受成的公司因为把所有的资金都押在了房地产事业上，从而陷入了财务危机中。后来，后来公司破产了。汇丰银行接管了他的公司和所有私人财产。

杨受成后来回忆说："破产之后的巨大反差的确使人痛苦失落，倘若我不够坚强，我早已看不开了，即使是这样我仍然没有放弃的念头，我相信我会有翻身的一天。我想如果有重新出头的机会，我就一定要做好。起码要做些事给人看，我不是一跌倒就爬不起来的人。我是一个打不死的老兵。我要努力，比以前更勤奋，要夺回失去的一切东西。"

凭着这种不服输的信念，以抵押和借贷开始，杨受成的宝石城珠宝有限公司开业了，数年之后，东山再起的杨受成，他的事业比跌倒之前更加辉煌了。

许多人在遇到失败的打击之后会变得一蹶不振，而杨受成却有着常人所不能有的笑傲商界的胸怀和勇气，正是因为他输得起，所以他就永远会有赢的机会。

失败来临时，如果选择哭泣，只能使我们陷入更加悲惨的境地。只有看淡、不把失败当回事，才有可能改变眼下的处境，早日走出失败的阴影。记住，"只有输得起，才能赢得起"。

沟通中绝不咄咄逼人，给他人一个台阶

在我们的生活当中，有这样一些人，那就是平时总是他有理，而且必须是他有理，别人有一点非议，他就会不停地去争辩，直到对方承认自己有理为止。可是这样的人往往也会碰钉子，那就是他们会在一些理屈词穷的时候出丑，但是他们不会就此罢休，他们会记住这个让自己出丑的人，打着“君子报仇十年不晚”的旗号，在未来的某天自己有理的时候，使那个曾让自己出丑的人一败涂地。我们说这样的人是很可怕的，他们的胸襟不够宽广，而且会记仇，殊不知，得理不饶人的人最不得人心。

1.无缘无故被损感觉确实不好

很多时候，一个人得理不饶人的最大原因就是被恶语中伤了，自己明明是无辜的，却被说成是一个污点满身的人，这换成谁，心里都会不爽。

曾出演多部著名影视剧的张姓明星因名誉权纠纷将女歌手周某、成都某报社一并告上了法庭，要求被告赔偿100万元精神损失费。面对这一笔巨大的费用，被周某称为“秦爸爸”的成都某公司秦先生借媒体向张姓明星暗示“能否放周某一马”，然而得理不饶人的张姓明星态度强硬，表示“我不会放任何人一马”。

从这个案例中不难看出，明星因为自己的名誉平白无故被

损坏，心中充满了恼怒。名誉是一个人在社会上立足的重要资本，无论是明星还是普通人，要想在社会上立足，一个好的名声是自己长远发展的保障。尤其是明星——本来就靠名声造势的明星们，一旦被传出负面新闻，那就不好收场了，各种媒体闻风而至，对这些传闻的炒作不亦乐乎，而明星自己却叫苦不迭。所以，这也是明星们找到诬陷自己的人之后可劲儿去报复的一个重要原因。

2.有理也要让三分

得理不饶人，往往是憋屈的时间长了引发的一种自然而然的发泄，但是如果能够在这样的时候有原谅之意，那么这个人的形象是不是立刻变得高大了很多呢？以德报怨是一种非常高深的境界，在这个浮躁的社会中，人们被浮躁的心态充斥着，又有几人能够做到以德报怨呢？

3.胸襟宽广赢尊重

得理不饶人除了因为自己被无辜中伤，还有一点就是自己的胸襟不够广阔。人们之所以愿意和那些豪放洒脱的人交往，是因为可以不用有那么多的担忧，宽宏大量能够使自己更具魅力，斤斤计较的人总是会被人们排斥。所以，在得理时，不要只是想着自己能够发泄，也想一下对方的感受，如果能够做到通情达理，善解人意，那么对方是不是会被你的行为打动，从而会自我反省？这样获得的效果岂不是更好？

4.凡事有度，适可而止

不依不饶的人总是会招致人们的厌烦，因为得理不饶人的人往往会给人一种度量太小、不讲道理的坏印象，情节严重者还有可能引发公愤，即使自己再有理，也会变得无理取闹。所以，为了避免让自己成为孤家寡人，还是打开自己的心扉吧，用你宽容的美德去包容，用你豁达的心胸去感化，这样的效果会好不知多少倍。因此，我们在和他人交往时，要学会去宽容和理解，把握好尺度，以优雅的交际风度跟他人和谐相处，获得好人缘。这也是能够提高办事成功概率的良方，更是会办事的表现。

难得糊涂，小事要少些计较

在这个世界上，聪明者数不胜数，而自作聪明者更是不计其数。那么，什么才算是真正的聪明呢？有人说，“真正聪明者，往往是大事不糊涂，小事不计较聪明”。这话不无道理。古往今来，聪明反被聪明误者比比皆是！倒是有些看似“愚笨”的人，却往往成为事实上最聪明的人。

宋太宗时，吕端在朝中居要职，他很少和人发生争执，对别人提出的意见也很少发表自己的见解。人们都说他糊涂，吕端也不分辩。有人问他：“你身为朝廷大臣，应当为国进言，

你对什么事情都不表态，这是为什么呢？”吕端回答说：“我不屑于在小事上纠缠不休，倘若涉及国家大事，我自然会说话的。”

有一次，宋太宗就国事征询他的意见，吕端反复谏诤，言辞十分激烈。宋太宗十分惊诧，对他说：“你平时不是这个样子啊，怎么这一次这般抗辩呢？”吕端郑重地说：“细枝末节不是为大臣者所管之事，若是在此劳神，便会误了大事。国事为大，臣的责任在于纠偏导正，事关天下命脉，岂敢推脱保身呢？”听了这番话，宋太宗从此对吕端刮目相看。

后来，宋太宗力排众议，任命吕端为宰相。群臣心有不服，宋太宗便对他们说：“吕端小事糊涂，大事上却从不糊涂。他忠心为国，不计私利，这才是君子行为啊！”

寇准时任枢密院副使，对吕端十分钦佩。有一次，寇准向吕端请教为官之道，吕端直言不讳地对他说：“你为人刚直，清正廉洁，这是你的长处。不过你事事计较，争强好胜，肆无忌惮，这就是你的不足啊！官场原本就不是一尘不染之地，如果看不惯的事情都一律排斥，看不顺眼的人都一律指责，那么官场也就不适合你了，怎么能长远地待下去呢？”

当时，西夏的李继迁与宋朝为敌，不时侵扰宋朝的西部边境。有一次，宋军在反击时擒获了李继迁的母亲。宋太宗想杀她立威，吕端听说这件事情以后，立即进宫面见宋太宗，对他说：“当年项羽要烹杀刘邦的父亲，刘邦知道此事后是何反

应，陛下可知？”

宋太宗被他问得摸不着头脑，吕端接着说：“刘邦当时竟然笑着说，‘希望到时分给我一杯羹’，由此可知，做大事的人是不会顾及他的亲人的，李继迁这样的乱臣贼子更不会有所顾忌，若是杀他的母亲，只会让他的反叛之心更加坚定，不仅于事无补，反而增添仇怨。”听了这番话，宋太宗也冷静下来，于是便问吕端如何处置此事。吕端建议说：“可以将李母安置在延州，妥善照顾，用来招降李继迁。即使李继迁拒不归顺，也会有所顾忌，不敢胡作非为。”宋太宗闻言叫好，对吕端说：“你提醒得很好，我差点铸成了大错。”

李继迁因为母亲在宋朝手中，虽然没有归降，却大大减少了侵袭。后来李继迁死后，他的儿子投降了宋朝，宋朝西部边境的威胁终于解除了。

“大事聪明小事糊涂”，这是一种心理战略，也是一种豁达心态，如果你能做到这点，那相信你的聪明定会让你的社交之路越来越顺畅。

1.正确认识大事的内涵

何为大事？影响全局的事为大事，决定整体的事为大事，范围内的工作之重为大事，也就是说以结果来评价事之大小，而不是以事之大小决定结果。

2.学会反思，做好自己

遇事要先反思自己，别人这样做必然有他的道理，心理不

平衡可以理解，但要适可而止，把大多的心思放到工作上，用成绩和能力来证明自己的价值。

3.大度一点，不计较

急于证明自己清白而为一些小事一争到底的人是愚蠢的，这样做只会白白地损害自己的形象，惹人耻笑。如果你能更大度一点，对这些无关紧要的小事一笑置之，那么你一定会赢得更多人的尊敬。

“小事糊涂，大事聪明”，是说人一生不应对什么事都斤斤计较，该“糊涂”时“糊涂”，该聪明时聪明；“糊涂”是经常的，聪明是偶尔的。一味“糊涂”，会让人瞧不起；一味精明，又会“聪明反被聪明误”。

第13章　心眼明亮，智者懂得相机而动

情商高的人，做事有眼力。眼力是生活中的交际润滑剂，不是强硬地正面对接，而是委婉地侧面解决问题，而且常常更加有效。生活中依然有一些缺乏眼力的人，没办法根据对方的言行举止来判断自己言行是否得当，总做出一些不合时宜的事情。

实力不佳时，暂时隐忍

成功者说："胆大心细，这就是做成任何一件事情的法宝。"就举个简单的例子，投资，我们不要想着去预测或控制投资的结果。实际上，人的贪欲、恐惧和愚蠢是可以预测的，但其后果不堪设想，也更难以预测。聪明的人懂得不管做什么事情都需要胆大心细，股票投资也是如此。假如说股票投资总是需要听从别人的意见，然后犹豫不决，就会错失许多良机。对投资者而言，一旦你认准了一件事情，就需要大胆去做，不要总是在那里想着如何去进行预测或控制投资结果。席勒曾说："任何一个苦难与问题的背后，都有一个更大的祝福。"其实，艰难的背后，还隐藏着无限的机遇。在工作中，我们会遇到许多困难，如果你缺乏自信，会使沮丧、畏惧之心蔓延开来，不仅抓不住机遇，反而会被困难所吞噬。有时候，这就

是一道选择题，当你选择了在忍耐中发掘，机会就有可能会降临；但是，如果你选择了放弃，机会就永远放弃了你。

同样是一件事情，有的人觉得这就是灾难、险境，有的人却因此而看到了机遇，原因在于人们的眼光不同。如果你只是将眼光着眼于眼前，你会觉得事情毫无希望；但是，倘若你胆大心细，你会发现，摆在你面前的就是一次机会。

其实，冒险与机遇总是结伴而行的，要想抓住机遇，就应该有冒险精神。在生活中，常常有这样的人，还没开始做一件事情的时候，他们就会想：如果失败了怎么办？于是乎，为了不失败就选择了放弃。等到别人成功之后，他又会无奈地说：早知道，我也去做了。机遇已经流失了才想到后悔，为时已晚。所以，在生活中，面对任何事情，我们都要有冒险精神，如此，才能抓住稍纵即逝的机遇。

1.在困境中挖掘机遇

同样的道理在工作中一样适用，有时候，面对上司吩咐的工作任务，有的人抱怨："每次都是这样大难度的工作，好运都让身边的人捡了，我的命怎么这么苦啊？"有的人却从中看到了机会："如果我能顺利完成这项任务，上司对我肯定是刮目相看，升职、加薪也就指日可待了。"面对工作中的困难，我们必须明白：自己应牢牢抓住隐藏在险境中的机遇，才能走得更远。同时，眼光要看远一点，不仅着眼于眼前的困难，最关键的是，我们要善于在这样的困境中发掘

机遇，抓住机遇。在通往成功的路上，有荆棘，也会有鲜花，荆棘代表着困难，鲜花预示着机遇，只要你踏过了荆棘地，就会到达美丽的花园。

2.不入虎穴，焉得虎子

俗话说："不入虎穴，焉得虎子。"如果不钻进老虎的洞穴，怎么会捉到小老虎呢；如果捉不到小老虎，又怎会有成功的机会呢？很多时候，机会并不是等待而来的，而是需要我们自己创造的。当然，创造机遇是需要担当风险的，否则，机会不会白白等着你。有人说："美国有很多讨论富人的书，都得出结论证明——富人并不比普通人聪明，学识也不一定比一般人多。要说富人智商有多高，那纯粹瞎掰。之所以这些富人能成功，而很多智商、学识远远高过他们的人却成功不了，是因为富人们具有的冒险精神或是敢想敢做的精神确实比别人强。"

心眼明亮，时机来临时及时抓住

其实，那些所谓的成功者之所以获得成功，并不是因为机会青睐于他们，而是因为他们善于去发现机会，进而抓住机会。而且，机会只有对于那些善于发现机会并且能很好地利用机会的人来说才能成为机会，才能为己所用。培根说："善于

识别与把握时机是极为重要的。”在现实生活中，存在的机会并不少，但唯一缺少的就是发现，假如我们具备了一双“火眼金睛”，抓住了每一次机会，最后定成大事。在现实生活中，机会永远青睐于有准备、有把握的人，只要善于发现机会，其实，机会就在我们身边。

胡雪岩说：“做生意要有机会，更要靠过硬的本事。”他善于将发现的机会经营成一个实实在在的财源。

王有龄捐官回来后，得到了海运局坐办的官缺，就在上任时，却遇到了漕米的麻烦，于是，他请胡雪岩帮助自己渡过难关。于是，胡雪岩有了一个奔走于杭州与上海的机会，当时，他所雇用的是阿珠家的船，而阿珠的娘恰好懂一些蚕丝生意，胡雪岩得到了一个请教的机会。他了解到，丝绸纺织需要大量的原料，洋人则需要从中国进口大量的蚕丝，这样看来，做外贸或者销给洋庄，都能赚大钱。于是在胡雪岩心中有了做蚕丝生意的念头。

在帮助王有龄解决漕米问题的过程中，胡雪岩有幸结识了古应春和尤五。不久之后，胡雪岩又发现了一个机会，原来王有龄被调任为湖州知府，而湖州正是蚕丝的主要产地。于是，胡雪岩这个丝绸行业的门外汉开始做起了蚕丝生意，将朋友古应春、尤五也拉了进来，准备大干一场。

其实，说到做蚕丝生意，信和钱庄的张胖子，以及丝行的老板庞二算是沾点边。因为，张胖子经常往返于杭州与上

海，似乎比胡雪岩更熟悉蚕丝生意，而有信和钱庄如此雄厚的资本，做生意自然是不用发愁的；再说说庞二，他可是蚕丝生意中的高手，却没能想到控制市场、操纵价格。而他们没有做的，都被胡雪岩做了，原因就是他们没能发现机会，因此，也错过了成功的机会。

张胖子和庞二没能发现的机会，被胡雪岩发现了，而且他将其利用了起来。他利用阿珠家在湖州且熟悉蚕丝生意的关系，出资让阿珠的父亲在湖州开丝行；利用王有龄调任湖州知府的关系，着手生丝收购，又联系了洋商，结交了丝业巨头庞二，做起了蚕丝销洋庄的生意。这样一来，机会都被自己所用，想不成功都不行了。

有一个人信仰上帝，每天他都祷告，希望上帝能够眷顾自己。在他看来，上帝应该随时随地地帮助他底下的每一个信徒，为了证实这样的想法，他作了一个大胆的决定：不会游泳的他拿着救生圈来到了海中央，看上帝是否能给自己生存的机会。

做了一番祈祷后，他将救生圈扔掉了，他一边在水中挣扎，一边大喊："上帝，救救我，救救我！"这时，过来了一条渔船，船上的人抛下了救生圈，对他说："抓紧，我们拉你上来。"但是，他一边挣扎一边喊道："不用啦，上帝会救我的！"原来，在他心底一直坚信上帝会真的来救他。

过了一会儿，来了一艘快艇，有人抛下了救生圈，告诉他："抓紧，我们拉你上来。"但是，他还是放弃了求生的机

会，他喊着："不用了，上帝会来救我的。"快艇开走了，一会儿，又来了一架直升机，飞机上的人放下了软梯，大声对他喊道："抓紧软梯，我们拉你上来。"那人拒绝了，依然喊道："不用，上帝会来救我！"刚说完，他就沉了下去，淹死了。

见到了上帝，他生气地质问："我每天都在祈祷祝福你，对你那么忠诚，你竟然对我见死不救。"上帝笑着说："我派去了两条船和一架飞机救你，但是，你没能把握机会，这能怪我吗？"

发现了机会，而不选择把握机会，那么，最终的结果肯定是惨败。或许，一个人的成功是多方面的，但是，是否能发现机会、抓住机会，让机会为己所用，这与我们能否成功有着必然的联系。在现实生活中，并不存在什么幸运之神，机会也从来不会主动敲响我们的门，机会从来都是属于那些有准备、敢于拼搏的人，他们发挥自己的能力来把握机会，并很好地利用机会。机会，本是无时无刻不存在，重要的在于你是否具备一双火眼金睛。

1.成功商人说机会

一成功商人常说："凡事总要动脑筋，说到理财，到处都是财源。一句话，不管是做官的对老百姓，还是做生意的对主顾，如果你想要人家腰包里的钱，就要把人伺候得舒服，人家才肯心甘情愿掏腰包。"说到机会，他这样说道："会做生意的人，除了精通取势用势外，还要特别善于发现机会，要能够很好地把握和利用机会，要学会把机会变成实实在在的银子。”

2.不要坐等机会的到来

在现实生活中，许多人抱着“天上掉馅饼”的态度，坐等机会的到来，没想那些机会已然从他们偷偷溜走了。机会是需要发现的，而不是坐享其成，在我们身边，可能潜藏着无数的机会，你是否能成功，就在于你是否能发现，是否具有一双慧眼。一个人如果不善于发现隐藏在身边的机会，那么，上帝给他再多的机会，也是枉然。

眼光长远，不为眼前小利妥协

生命就是一叶扁舟，载不动太多的物欲和虚荣，如果不想生命之舟搁浅或沉没，我们就要学会退一步，用高远的眼光看清人与事。在印度热带丛林中，当地居民是这样捕捉猴子的：在一个固定的小木盒子里面装上坚果，再把盒子打开一个小口，刚好够猴子的前爪伸进去。猴子为了取得盒子里的食物，抓住坚果，爪子就抽不出来了。人们用这样的方式来捕捉猴子，几乎每一次都能获得成功，因为猴子有个习性，那就是不肯放下已经到手的东西。也许，看了这个故事，我们会嘲笑猴子的愚笨，但是事实上，生活中的我们有时候也跟猴子一样，总是不肯退步，担心失去，所以，最终承

受了那些本不该承受的痛苦。

杰克和麦克是好朋友，他们俩从小就喜欢画画，常常拿着笔在墙上、报纸上涂画着五颜六色的画面。后来，在他们的要求下，父母把他们送到了美术班里学习。长大后的他们更加喜欢绘画了，高考那年，杰克和麦克费尽口舌说服了父母，让自己报考美术学院。在大学里，杰克和麦克经常在一起谈论着未来，描绘着自己的蓝图，他们坚信自己会坚持下去，通过画画挣钱来让身边的人幸福。

大学毕业后，杰克和麦克开始找工作了。他们整天奔波于各家报社，希望能够成为报社的一名美术编辑，可是，各家报社的总编都以种种理由拒绝了他们的求职申请。在多次碰壁之后，杰克绝望了，本来希望通过自己的一技之长来给妈妈幸福的生活，却发现社会根本没有自己的容身之地，养活自己已经很困难了。而麦克却咬牙说："我一定要坚持画画，绘画是我生命不可缺少的一部分。"他毅然放弃了找工作，而是把自己关在家里，没日没夜地画着。在现实的残酷打击下，杰克愈加颓废了，妈妈心疼地说："你既然那么喜欢画画，不如自己开一间画室吧。"杰克听了，觉得心里很难受，当初是想通过找份工作继续自己的绘画创作，现在却需要自己的这份才华去养家糊口。

但是，思索了很久，杰克决定了自己开一间画室，他跑去与麦克商量，却被麦克骂走了，麦克说："绘画挣钱？你这是

在亵渎艺术。”于是，杰克单枪匹马开始了创业，他向亲戚朋友借了十几万，再加上妈妈的积蓄，他开了一间属于自己的画室，既教小朋友画画，又出售自己的作品。几年之后，杰克的画室成为了这个城市有名的美术培训学校，他不仅还清了所有的欠债，还拥有了自己的房子、车子和存折上不小的数字，当初对妈妈许下的承诺也实现了。而麦克依然整天窝在家里画画，不过，由于麦克没有名气，所有的画都卖不出去，他成为了一个穷困潦倒的画家。杰克每天教画之余，用心地钻研自己的作品，也逐渐提高了自己的绘画水平，在美术界里，成为了小有名气的画家。

面对人生的窘途，麦克坚持继续画画来作为自己的工作，不肯退一步，最后，他成为了一个潦倒的画家。而杰克在妈妈的建议下，退一步，开了一间属于自己的画室，一边教小朋友画画，一边绘画自己的作品，最后，他获得了成功，兑现了自己当初的诺言，同时，成就了自己的梦想，成为了小有名气的画家。相较之下，谁的选择更完美呢？面对人生的困境或挫折，我们要选择退却一步，这样我们才能以长远的目光着眼于未来，才有可能获得成功。

当我们无法前进的时候，退一步也是一种智慧。有时候，当我们以长远的目光去看待这些事情的时候，其实已然产生了正能量。这与“人生不仅需要运动，还需要停止”是相通的。在通往成功的路上，若是不顾头破血流地一意孤行，最后我们

可能什么都不能得到；但是，如果我们能够停下来，或者退后一步，我们会看清前方的景色，这样我们更容易获得最后的成功。

1.退一步不代表懦弱

退一步，并不是懦弱的表现，而是一种智慧的策略。有时候，看似退了一步，实则向前进了一步，这才是得与失最智慧的所在。当我们向后退了一步，我们才会重新看清一些东西，或许，你会注意到，有的人因负荷太重而步履维艰，有的人因欲壑难填而疲于奔命，有的人因深陷其中而难以自拔。如果我们想踏上轻松的人生之旅，请学会退一步，或者停下来欣赏路边的风景，这样我们才能更有力量地走完后面的路程。

2.懂得为生命减速，实际上是增加能量

史学家范晔说："天下皆知取之为取，而不知与之为取。"得与失是互相转化的结果，这句话似乎道出了所有的哲理。那些懂得其中玄机的人，他们会善于掌握得失的主动权，坦然地退一步，用长远的眼光看清自己的所得所失，这样，他们更容易获得自己想要的东西。这时候，退一步并不是放弃，而是一种新的获得。生命只有两种状态，运动和停止，只会向前猛冲，而不懂得退步或减速的人，在人生的某个弯道处，一定会冲出跑道，定会失去更多。

绝不犹豫，不让机遇从眼前白白溜走

众所周知，狼是捕捉猎物的高手。无论它的对手是正在飞速奔跑，还是雄壮有力，狼总是能够看准有利的时机，迅速地向猎物发起攻击，在攻击的过程中，无论猎物如何反抗，如何挣扎，狼都会死死咬住不松口，直到猎物毙命的那一刻。很多看过《动物世界》的朋友都看过这样的画面：一只狼在草丛之中潜伏，身子纹丝不动，两只耳朵却警觉地竖立着，一旦麋鹿或者是羊群出现了，狼就会像离弦的箭一样从草丛中飞出去，一口咬住猎物的致命部位……

当然，狼的对手不仅是草原上的猎物，还有牧民和猎人。面对这些“高智商”的对手，狼没有一丝畏惧，也从来没有想过放弃，而是时刻准备着寻找时机，一旦发现牧民有了疏忽的地方，它们就会趁虚而入，在最短的时间之内偷走牧民们饲养的羊和其他牲畜，从不迟疑，从不顾虑，由此可见，狼是一种多么会把握时机的动物。

机会是取得成功的重要元素之一。它是一个非常奇妙的东西，有了它，做事就能事半功倍，更快地取得理想的结果，没有它，哪怕有好的先天准备，作出了多少努力，成功也依然显得那么遥远。机会又是一个不好把握的东西，说它遥远，有时候它却就潜伏在你的身边；说它很近，它却总是看不见摸不着，显得那样遥远。其实，机会并不是那么虚无缥缈，也不是

靠坐等就能得到，要想得到它，就应该立足于现实，用一双慧眼来发现它、把握它，然后再付出迅速的行动。

20世纪90年代初，沿海地区的许多村镇率先富了起来。但是地处内陆的赵家村依然是非常贫穷。尽管该村盛产又大又漂亮的水果，但是由于地处偏僻的山区，交通闭塞，他们的特产很难转化为经济效益。每年秋天，赵家村的村民只能眼睁睁地看着这些被城里人称为“绿色食品”的水果烂掉。

突然有一天，有几个外国人走到了这里。他们看到这些无公害的水果时，顿时两眼放光，当下就准备全部购买。但是他们一听说这里的交通条件十分落后，只好耸耸肩，遗憾地否决掉了刚才的想法。

看着转身而去的外商，村民们感到非常遗憾。正在这时候，村长老赵走向前去拦住了外商的汽车，对他们说：“交通不方便，由我们来想办法，我们一定要把水果卖出去。”老赵的诚意感动了外商。他们表示，只要是能把路修好了，他们就会来下订单。

老赵立即组织村民集资修路，但是村民们的集资对于修路来说只是杯水车薪。这时候，老赵就咬牙决定，向银行贷款。老赵知道，外商的到来，给这个村子里带来了一个千载难逢的好机会，如果因缺少资金而荒废了修路，赵家村猴年马月也不可能有人来。

老赵拿到贷款之后，就带着工程队和乡亲们开始艰难的修路工程。经过半年多的艰苦奋斗，他们终于修好了一条通向外面的简易公路，尽管这条公路并不怎么样，但是这条不起眼的公路让赵家村发生了翻天覆地的变化，从此之后，一车一车的水果被运出了赵家村，赵家村的村民们也都过上了好日子。

古人说得好，“机不可失，时不再来”，由此可见，机会对于我们来说是多么可贵。但是，并不是每一个人都能顺利地抓住机遇。这里面的原因有很多，第一是他们没有看到有利时机，第二是当机会到来的时候他们更多地注重了机会所带来的负面因素。无论是出于哪一方面的原因，总之，机会悄无声息地从他们身边溜走了。或许，他们会抱怨上天的不公，埋怨幸运之神的无情，但是这些抱怨都是没有用的，他们也只能停留在原点上，没有任何作为。

成功和机会以及个人的努力是分不开的。人们在捕捉机会的时候，既要耐心地等待，又要培养起狼那样的敏感，时刻瞪大眼睛竖起耳朵去观察周围的环境，一旦机会出现之后，就应该毫不犹豫地飞身扑过去，绝不能让稍纵即逝的机会从眼皮之下溜走。需要注意的是，抓住机会需要行动，比行动更重要的则是敏锐的眼光，如果眼光出现了问题，再好的机遇你也把握不住。

有这样一个故事。有两个卖鞋的兄弟同时来到了非洲，准备在这里开辟一个新的市场。但是，非洲人是不穿鞋的，哥哥看到之后感到这里没有任何商机，就打道回府了。而弟弟则留了下来，他在非洲待了几个星期之后发现这是一次发财的好

机会。他拍电报给哥哥说："这里的人虽然不穿鞋，但是都有脚疾，需要鞋子。不过我们卖的鞋子都太瘦，对他们来说不适合，我们需要生产一些肥大的鞋来供应给他们。"哥哥看到电报之后，想也没想就把电报给撕了。弟弟无奈，只好回来自己监督生产，之后再带着大量的产品到非洲去卖。最后，弟弟成为了百万富翁，而哥哥依然是一个鞋子零售商。

机会明明就摆在眼前，可是哥哥并没有发现它。好在弟弟注意到了商机，能够及时地付出行动，生产出了大量的鞋子去非洲贩卖。这也是兄弟两个一个成为百万富翁、一个只是鞋子零售商的原因。

有许多人碌碌无为了一辈子，就在于他们没有抓住机会，不能做出及时的行动。在机会到来的时候，他们前怕狼，后怕虎，犹豫不决，不敢作出决定，也不敢主动出击。这种退缩的心理，永远也不可能取得成功。故而，我们既要发现机会，还要看准机会，然后再和狼一样迅速出击咬住不放，唯有如此，才有可能取得进步，获得成功。

认真观察，别冲动行事

狼是一种比较多疑的动物，尽管它们对猎物有着强烈的渴望，但是当猎物出现在眼前的时候，它们决不会贸然行事，而

是会先仔细观察一下有没有什么陷阱。比如，在草原上，有的猎人为了抓获到一只狼，就事先布下诱饵，等待着狼的出现。不过，狼很少走进这个圈套里去，生性的敏感能够让它们感到危险的存在，因此，哪怕它们再饿，也不会贸然走上前去叼走猎物。因为它们知道，肚子远没有生命重要。

狼是勇猛的，却不是鲁莽的。它们知道，自然界中处处存在着危险，一旦大意，就可能有生命之忧。为了自保，它们的性格里就多了一份谨慎和小心。这份谨慎和小心，同样值得我们学习。毕竟，江湖险恶，人心叵测，社会中的风险要比自然界中多得多。

我们知道，钓鱼的人要想钓到大鱼，首先就要准备上一些钓饵来诱惑鱼儿上钩。人为的陷阱也同样如此，别有用心的人往往会先给受骗者一些甜头让对方相信。有一些警惕性弱的人在尝到甜头之后，往往会信以为真，满心欢喜地走进人家设计好的圈套中。他们在一厢情愿地做着发财梦的时候，却不知厄运已经降临了。

赖皇生是一个地地道道的农民，文化程度只是小学二年级水平，他和很多人一样过着面朝黄土背朝天的生活，直到40岁那年在一个偶然的机会中当上了工人。他当上了工人之后，觉得挣钱太少，就办了停薪留职，去外面做了一些小本生意。在做生意的过程中，他认识了一个叫苏济强的人。苏济强初中毕业，有过两年军旅生活的经历。他们两个人认识之后，臭味

相投，很快就成为了莫逆之交。两个人经过一段时间的商量之后，决定以投资为名义来骗取别人的钱财。

他们利用众人皆想一夜变富翁的心理，在1991年下半年至1993年8月，打出“广州市钢材经销联营公司”“河源市郊区建筑机械施工队”的招牌，以付给集资单位和个人高额利息为诱饵，先后与河源市、龙川县、淡水县等许多单位和个人签订“集资”经销钢材的假协议书29份，骗取20多个单位、数百名干部群众近8000万元。

他们向每一个投资的单位和个人开出了非常有诱惑力的条件：每个月的月息是10%～18%，这要比银行的利息高出很多，消息传出去之后，很多人都感到非常兴奋，这些人一夜发财的欲望就像是掺进了酵母菌的面团，迅速膨胀起来。因此，赖皇生和苏济强的集资迅速从十几万元涨到了几千万元。

有一些非常“精明”的人认为自己发财的机会就要来了，就以5%、8%的月息向群众集资，然后又将集资得来的钱交给赖皇生和苏济强，借以赚取非常可观的差额。一时间，银行汇票源源不断流入赖皇生的户头。有一些人害怕失去这个得之不易的机会，竟然连夜将钱装进麻袋里搬到了赖、苏在河源的家中。赖、苏二人在得到他们的钱之后，给那些集资者的凭证仅仅是一张张歪歪扭扭签名的白条。

两个人得到的钱越来越多，他们也就越发地财大气粗起来。他们越是财大气粗，别人越就认定跟随他们一定能够赚钱，于是这些人就心甘情愿、迫不及待地将钱送到了他们的口袋里。短短的两年时间，赖、苏二人就骗到了8000万元巨款。

两个半文盲为什么能够在短时间内就骗取到这么多钱呢？这是因为他们利用了人们都想发财致富的心理，用高额利息做诱饵，来吸引一些不明真相的人主动上钩。如果我们每个人的心里能够少一些急躁，多一些理智的话，恐怕就不会有如此大的损失了。

人们常说，一分辛苦一分收获，在这个世界上，从来就没有不劳而获的事情。如果你迷恋于一些突如其来的好运或者是实惠，最终将不可幸免地走进他人的陷阱。须知，天上是不会掉馅饼的，如果真的有的话，那个馅饼也是有毒的。在社会上，骗子会提供种种诱惑，比如，金钱、名誉、地位、美女……尽管形式不同，但是，它们有一个共同点，那就是骗子们抓住人们爱贪便宜的心理，使人像中了魔似的不能脱身，毫不犹豫地跳进陷阱里。掉进陷阱里的人，全都是因为贪图不该属于自己的东西，被不属于自己的东西所诱惑，结果总是得不偿失的。

在生活中，我们经常遇到这样的情况。比如，我们经常会收到一些来历不明的信息，告诉我们说："为了庆贺某某公司成立十周年，特举行手机抽奖活动，您的手机号获得了二等奖，奖品是价值20万元的现代汽车一辆。请您与本月月底之前，向某某银行某某号汇款1000元作为领奖报名费。"但凡有

理智的人都明白这是骗人的把戏，不会去上这个当。但是往往有一些人觉得花一千块钱买一辆小轿车是天上掉馅饼的好事。他们被美丽的谎言冲昏了头脑，就乐颠颠地跑向银行汇款了，汇完款之后又在异想天开地想象着开着车的日子。最终的结果呢，非但没有发横财，反而赔了夫人又折兵。

我们经常在马路上和一些小报刊上看到一些充满诱惑性的广告：不需要太多的钱，不需要太多的手艺，只要是交上几千块钱的加盟费，就能够让你日进斗金；某某富婆因为丈夫遭遇车祸而丧失了生育能力，想用20万元的高价寻找一个身体健康的男子来完成自己做母亲的梦等等，许多天真的人认为这是上天赐给自己的机会，想也没想就兴高采烈地去了。最终的结果呢，却是抱着发财梦而去，悲剧而返！造成这一悲惨现象的罪魁祸首不是别的，就是他们的财迷心窍、投机取巧和幻想着一本万利的心理！

在这个世界上，存在着许许多多的诱惑，人们也有着许许多多的欲望，这是很正常的现象。我们需要做的，是用理智的心态来对待这些欲望和诱惑。当一些东西刺激你的神经的时候，你应该让自己冷静下来，仔细地观察思考一下，看看这究竟是机遇还是陷阱。只有这样，才能让那些居心叵测的人对你无计可施。

第14章　坚定方向，将每一件事做得到位精准

情商高的人，做事有态度。在做一件事时，不管是大事小事，都应该认真踏实地去做，不骄不躁，不敷衍了事，以饱满的热情投入到做事过程中，这样才能把事情做好，把事情做成功。

小事成就大事，细节成就不凡

生活中，可以说，任何人都有自己的梦想，而这些多半都是伟大的。而梦想与现实间总是有一定的差距，人们似乎总是在从事着与自己梦想并不相干甚至相背离的职业，于是，有些人对手头工作总是嗤之以鼻，认为这是“小事”。而事实上，任何事情，并没有大小之分，只有你对它的态度的差别。

有人说，人生如梦，在须臾之间就已老去。即使你现在还年轻，唯有脚踏实地做好眼前事，为成功奋斗，从现在起，树立奋斗的信念并付诸实施，才不至于老之将至时悔之晚矣。因为幸福、成功都不会平白地从天而降，这是自古不变的道理。而任何一个人，即使再天资聪颖，不付出努力，就不能有所作为。才以学为本，学而为智者，不学而为愚者。想练就非凡的技艺，就必须从现在起端正你的态度，就要多训练、多吃苦、多研究。追求卓越，没人能完全松懈。像上紧发条的时钟一

样，日日行，不怕千万里；常常做，不怕千万事。

现实生活中，不乏这样的人，他们空有一腔抱负，却不践行。要知道，从古至今，我们发现，任何一个能做到99%勤奋的人，最终都能取得成功。

因此，从现在起，再也不要当那个“差不多”先生、“差不多”小姐了，一个人，即使他的理想再瑰丽，如果不付诸行动，那么，也只能是美丽的肥皂泡、空中楼阁……一屋不扫，何以扫天下！千里之行，始于足下！行动起来吧！踏踏实实地做好每天的每一件你应该做的小事，自理，自立，坚强，勇敢，勤奋，执着，追求……

找准目标，让你的行动更有方向

一旦确立了目标，就不要轻言放弃，而是为自己的目标去努力。目标会给我们带来一个积极的效应，一旦我们确立了明确的目标，就会朝着这个目标不断地前进，直至达到这个目标。或许，在追逐目标的过程中，我们会遇到很多的挫折，但是，只要目标还在，就不应该放弃，再苦再累撑下去，你终将会迎来成功的一天。在现实生活中，许多人缺乏主动性，讨厌生活，其实就是因为缺失了目标。许多成功者的案例告诉我们：所有的成功都是由一个小小的目标开始的，一旦拥有了目标，你就会产生无穷的力量。而且，在目标的感召下，你将不会放弃，这样一来，你成功的概率更大。你想拥有什么样的人生，想做什么样的事情，全在于你持有一个什么样的目标。对于每一个人来说，最重要的就是要确认自己的目标，怀揣着目标向前走，不要轻易放弃。

在做事的过程中，常常会遭遇到各种困难与挫折，但是，请不要轻易地放弃什么。其实，人生就如沙漠，而绿洲就是我们的信念与目标，在追求目标的过程中，遇到了困难要努力坚持，因为目标与信念可以战胜一切的恐惧。在追寻目标的过程中，我们既需要有危机意识，更需要有坚定的目标，只有这样我们才能稳步前进，最后达到自己的人生目标。

许多年前，一位颇有分量的女性到美国罗纳州的一个学院给学生发表讲话。虽然，这个学院规模并不是很大，但这位女性的到来，使得本来不大的礼堂挤满了兴高采烈的学生，学生们都为有机会听这位大人物的演讲而兴奋不已。

经过州长的简单介绍，演讲者走到麦克风前，眼光对着下面的学生们，左右扫视了一遍，然后开口说："我的生母是聋子，我不知道自己的父亲是谁，也不知道他是否还活在人间，我这辈子的第一份工作是到棉花田里做事。"

台下的学生们都呆住了，那位看上去很慈善的女人继续说："如果情况不尽如人意，我们总可以想办法加以改变。一个人若想改变眼前的不幸或无法尽如人意的情况，只需要回答

这样一个简单的问题。”接着，她以坚定的语气接着说，“那就是我希望情况变成什么样，然后全身心投入，朝理想目标前进即可。”说完，她的脸上绽放出美丽的笑容：“我的名字叫阿济·泰勒摩尔顿，今天我以唯一一位美国女财政部长的身份站在这里。”顿时，整个礼堂爆发出热烈的掌声。

阿济·泰勒摩尔顿是一位女性，一位生母是聋子、不知道亲生父亲是谁的女性，一位没有任何依靠并饱受生活磨难的女性，而恰恰是这位表面柔弱的女性，竟成为了美国唯一一位女财政部长。说到自己的成功，她却只是轻描淡写地说：“我希望情况变成什么样，然后就全身心投入，朝理想目标前进即可。”在这句看似平淡的话语中，透露出她作为一个女性的坚韧执着。我们甚至可以假设，如果没有对目标坚韧执着的品质，阿济·泰勒摩尔顿能与苦难的生活抗争吗？如果缺乏了执着的精神，她能完成自己的人生理想吗？

1.放弃意味着一事无成

做任何一件事情，我们都有既定的目标，你所需要做的就是朝着既定目标不懈努力，这样，你才能将事情做成功。反之，在做事的过程中，如果你轻易就被困难与挫折打倒了，轻易就放弃了前进的方向，那就意味着你将会一事无成。

2.面对目标，需要执着、坚韧的态度

做任何一件事情，要想达到自己的既定目标，你需要具备两种品质：执着、坚韧。执着，是坚持既定目标，不更换，不

放弃，一直朝着自己的目标前进；坚韧，是在做事的过程中，有足够的韧力去面对挫折与困难，以强大的韧力战胜挫折，唯有如此，最后才能拥抱成功。

坚持下去，别让事情半途而废

在现实生活中，做人做事最忌讳的就是半途而废，毫无耐性可言，如此这般，是难以成大器的。做任何一件事情，以绝对认真执着的态度去做，给人们展现自己的忍耐力，如此一来，对方往往会敬你三分。相反，如果你做什么事情都三心二意，常常是凭着三分钟热情的冲劲，那么你不仅不能做成事，还会给人们留下不好的印象。所谓“好事贵在多磨，办事贵在坚持”，只要你拿出绝对认真的态度，以及毫不泄气的耐力，一定能办成事。许多人都有这样的经历，在遇到了冷脸或轻视之后，往往会很不耐烦，变得粗鲁无礼，固执己见，让人感觉到难以相处。其实，这样的心态是有害无益的，特别是在做事过程中。俗话说：“心急吃不了热豆腐。”当一个人失去了耐心，他就有可能选择放弃，那么他之前所作出的努力也无疑付之东流了。因此，对任何事情，我们都需要保持认真执着的态度，这样才能打动对方，从而达到自己的目的。

王娜是公司里一名普通的职工，在无意之间，她发现了

一个可以节省产品原料的技巧。为了能将这样的信息反馈给上司，王娜开始三天两头往主任办公室跑，刚开始，主任觉得很奇怪："你小学还没毕业呢，怎么就有这样重大的发现？公司里那么多技术骨干都没研究出来，我看你那个发现肯定没有任何科学性，还是别说了，我还有其他事情呢！"王娜仍不灰心，只要看到主任空闲下来了，她就去请求主任查看自己得出的结论，希望对公司有所帮助。这样去了大约有十多次，主任叹服了，他对王娜说："我真是服了你，行了，我马上让技术人员分析你所谓的方案，你就等结果吧。"

最后，结果显示，王娜提供的方案没有任何的可行性，不过，从此以后，主任对这位普通职工格外关注，原因当然是她那份难得的"倔劲"以及认真、执着的工作态度。

在做事过程中，并不需要露锋芒，不要过多地谈论要办的事情，只须不间断地接近对方，使彼此的关系变得亲密，让对方多了解你，被你的诚心所打动，从而产生帮助你的愿望。这样，我们才能顺势掌控局面，达到做事成功的目的。另外，你还可以想办法与对方家人接近，通过各种方法与他们维持良好的关系，从感情上贴近，这样的"磨"，对方是难以拒绝的，同时，也会被你所打动。

杨润丹是美国杨氏设计公司的总裁，同时，她也是一位资深生活设计师。早年，她毕业于纽约大学的室内设计专业，后来在美国密歇根大学获得硕士学位。作为设计行业的领军人

物，她已经从事设计工作数十年了，在工作中，她倡导创造高品质的生活，并将不同的潮流设计带入室内外的设计中。与此同时，她所创造的品牌不断发展壮大，得到了越来越多人的支持与认可。

初识杨润丹，你会发现她是一个优雅恬淡的女子：细柔的言语、恬淡的笑容。但是，随着交谈的深入，你会很快发现她并不是一个柔弱的女子，在她的骨子里比男人更坚韧、执着。在受传统思想影响的社会，女人想要做成事真的很难，她们往往比男人付出更多，却收效甚微。杨润丹说："我并不想做一个女强人，也不喜欢别人这样称呼我。在中国，大部分的女性都很优秀，而我只是找到了自己想要去坚持和努力的信仰，凭着那份坚韧与执着一步步走下去而已。"

早年，移居美国的杨润丹随着父亲第一次踏上中国，后来，由于设计工作便常常往返于中国与美国之间。随着对中国的熟悉，心有志向的杨润丹决定在中国成立工程公司。刚开始创业的时候，她白天做设计，晚上去工地检查、指导、学习，回忆那段辛苦的日子，她说："一个女人在中国在北京，我们没有任何背景，没有任何关系，一开始赔了很多钱，无数次地想背包回去不来了，在那会儿我还生病，可是我想这么多人跟着你，人家把工作给你，就是相信你，所以，我只能成功，不能后退。"

杨润丹就是这样一个耐心与耐力并行的女子，她心中的那

份认真与执着，为其成功奠定了扎实的基础。

若是问到成功的秘诀，杨润丹坦言："耐性是杨氏在中国成功的秘诀。"而那些认真执着的人，从来不缺乏耐性与耐力。其实，做人与做事有异曲同工之妙，做成一件事情，必然要经历挫折与困难，在这时若是不够认真，若缺乏执着的精神，那么，事情肯定不会成功。做人也是一样的道理，保持内心的认真与执着，耐心与耐力并行，不断修炼自己，这样，你才会成为受人敬仰的人。

1.有耐性、不急躁

实际上，"认真、执着"所指的就是耐心，不急躁，保持平静的心态。如果你在做事的时候能保持认真、执着的态度，那么，你做事成功的把握就多了几分。在任何时候，急躁都会使人偏离正确的判断，容易给人造成不易接近的印象，当你丧失了继续坚持下去的欲望，同时，你也丢掉了别人帮助你的机会。

2.好事多磨

在做事的过程中，我们需要表现出足够的耐心与对方"磨"，这样，对方会叹服你的诚心。俗话说："只要功夫深，铁杵磨成针。"以认真、执着的态度坚持下去，你肯定能将事情做成功。

坚定你的选择，坚持你的方向

美国西方石油公司总裁霍华德由于幼年时家境贫寒，高中毕业后就进入社会打工赚钱养家。所以，霍华德在家境、学历、机遇方面都不具备任何的优势。但是，他超越了无数的高学历者和家境优越者，成为了商界的传奇。霍华德先生曾说过："要生存，就要进取。要成功，就要坚韧。"而他也正是凭借这种顽强的意志，战胜了无数的挫折与挑战，终于取得事业上的成功。

每个人在各自的人生道路上，都会无可避免地遇到挫折、阻碍和痛苦。有的人被"拦路虎"阻挡时，马上会放弃努力，而此人的最终结局就是庸庸碌碌地过一辈子。而有的人，虽然也被困难折磨得焦头烂额愁眉不展，但他仍然选择坚持到底，一个麻烦一个麻烦地逐步攻破，最后终于享受到了成功的喜悦。

阻碍并不代表失败，而暂时的失败也不等于永远的失败。只要人们不放弃，坚持原先的方向继续走下去，一定能在不久的将来见到灿烂的彩虹。

我国著名的乒乓球世界冠军邓亚萍曾多次获得球桌上的金牌。但是在她站上领奖台之前，曾经是一个不起眼的小个子。当年省队集训招人时，她就被"省里来的大教练们"拒之门外。这一打击令邓亚萍很伤心，但她并没有沮丧地离开乒乓球队，而是更加努力地练习乒乓球技。几年后，小邓靠着顽强的毅力取得了

巨大的进步。当“省队的大教练们”再来招人的时候，小邓精湛的球技吸引了他们的注意，他们没想到，这张原本认定的“死牌”，竟然打出了出人意料的成绩。之后，邓亚萍的乒乓球生涯就正式拉开了序幕，从省队到国家队，从奖牌到金牌……当初不起眼的小个子，现在已经变成了享誉全球的东方乒乓球神话。

而世界著名雕塑家罗丹的成功，也不是一蹴而就的。他的早期作品，曾经被法国各门派的雕塑家们认为是“平庸之作”。如果普通人被大师们这样一踩，相信都会仰天长叹“为何天生我材这般无用”，然后收拾刀具，赶走模特，另谋生路。但是罗丹并没有走上这条“打道回府”的道路，他依然用自己对雕塑的强烈热情，不断观察生活、反复练习，终于成为了载入人类史册的著名雕塑家。

生活是一段不平静的旅程。困难和挫折时不时地会跳出来给人打击。而人需要做到的，就是站起来，打起精神，继续赶路。被打倒几次，就要顽强地站起来几次。这一点，在职场上也是同样适用的。

曾经有一位写文案的小青年，经常被自己的忌才上司打压。不管小青年写什么，写得好不好，忌才老板都会把他数落一翻。但是小青年并没有从此被恶老板的态度吓到，而是依然坚持学习文案的写作，不断地练习写文案。有一天，小青年看到网上有一家广告公司征集广告语，他就把自己的作品寄了过去，半个月之后，他接到自己的文案被采用的通知，并被广告

公司邀请加入他们的集体。

其实有的时候，成功与失败，就在于人的意志是否顽强。顽强的意志力是达成所愿的一项必备要素。狼之所以能在恶劣的环境与人类的追捕中长期存在，靠的就是顽强的意志。

只要有信念，就能突破困境

俗话说，世事无常，天有不测风云，人有旦夕祸福。我们不能预知生活的各种情况，但我们可以选择面对生活的态度，正确的心理态度和良好的习惯会有积极的收获。行为心理学告诉人们，心态是能影响人的，尤其是在困境中的人们，能否突破困境，找到解决问题的方法，关键取决于其心态好坏。

无论你自身条件如何恶劣，不管你遇到何种困难，只要你能保持积极的心态、微笑面对，并能大胆挑战，就可能达到成功的彼岸。

那么，身处困境的人们该如何做呢?

1.学会不再埋怨

纳粹德国集中营的幸存者维克托·弗兰克尔说："在任何特定的环境中，人们还有一种最后的自由，就是选择自己的态度。"

2.学会微笑

心理学家认为："会不会笑，是衡量一个人能否对周围

环境适应的尺度。”多笑一笑，你会发现，真的没有什么大不了，微笑会使你变得坚强。

3.学会接受

面对困难时，一味地逃避和责备，都属于消极怠世，而无利于任何问题的解决。因此，在处理问题之前，我们一定要摆正心态，只有接受现状，才能调整状态。

真正的自信与坚强，都来自于自我的悦纳。悦纳自己就是接受自己目前的状态，并抱以积极的态度直面它，做到不责备、不逃避、不遗忘。只有真正地悦纳自己，人才会超越自身的束缚，释放出最大的能量。

4.心怀必胜、积极的想法，并努力付于行动

生活中，不是因为有些事情难以做到我们才失去自信；而是因为我们失去了自信，有些事情才显得难以做到。在做到自信面对困难的同时，我们同样要付之于行动，才能真正决胜于千里，解决困难，超越现在！

第15章　知己知彼，沟通不打无准备的战

俗话说得好："不为明天作准备的人，永远不会有未来。"情商高的人，做事有准备，常常在事情开始之前就未雨绸缪，以防备不时之需。因为作好了充足的准备，所以更容易获得成功，机会是留给有准备的人的。

以平和心境做事与说话

大多数人在做事时都有一种急躁心理，在他们内心里，希望事情能够赶快成功，于是不自觉地，在其言行中就流露出焦躁的情绪。其实在很多时候，我们都忽视了一条做事的绝对真理：切忌急躁，只有稳住了心气，做事才能滴水不漏。在做事的过程中，一旦你的心境失去了原本的平和，与此同时，你一定会失去掌控局面的机会。有的人在做事时总是慌慌张张，希望事情马上就能着手办理，假如这件事一两天没有什么动静，他就沉不住气了，不断地催促，不断地埋怨，忘记了做事的忌讳。结果，你越是急躁，自己越是显得不耐烦，到最后，自己有可能会由于内心的烦躁而影响了整件事情的进展。骄躁，这不是做事的正确态度，如果你坚持这样的心态，将会一事无成。虽然戒掉焦躁看似退了一步，实际上却可以使你前进一大

步，因此，你赢得了有利的时间和机会。所以，在做事的时候，要戒骄戒躁，稳住自己的心气，以平和的心境来掌控局面。

春秋战国时期，魏国的国君打算发兵征伐中山国，有人向他推荐一位叫乐羊的人，说这个人文武双全，一定能攻打下中山国。后来，魏文帝还了解到乐羊曾经拒绝了儿子奉中山国国君之命发出的邀请，同时，乐羊还劝儿子不要继续侍奉荒淫的中山国国君。于是，魏国国君打算重用乐羊，派他带兵去攻打中山国。

乐羊带兵一直攻到中山国的都城，然后就一直按兵不动，只围不攻。几个月过去了，乐羊还是没有攻打中山国，魏国的大臣们顿时议论纷纷，不过，魏国国君并不吱声，依然不断派人去慰劳乐羊。乐羊似乎就稳在那里了，其手下疑惑地问他："你为什么还不动手攻打中山国呢？"乐羊说："我之所以只围不打，是为了让中山国的百姓们看出谁是谁非，这样，我们才能真正地收服中山国。"

过了一个月，乐羊发动了攻势，攻下了中山国的都城。魏国国君亲自为乐羊接风洗尘，宴会完了之后，国君送给乐羊一个箱子，让他自己带回家再打开。乐羊回到家打开箱子一看，里面全部是自己在攻打中山国时魏国大臣诽谤自己的奏章。原来，国君与乐羊一样，都"按兵不动"，所以，中山国才得以成功地攻打下来。

如果一开始乐羊就心急火燎地攻打中山国，那么，他极

有可能会遭遇失败。同样地，面对大臣写下的诽谤奏章，魏国国君如果急躁地惩罚了乐羊，那么，中山国不一定能够攻打下来。其实，做事就如同打一场战争，在这场战役中，你会遇到各种各样的情况，只有那些戒骄戒躁、心境平和的人才有能力赢得这场战役。在做事过程中，谁保持了平和的心境，谁就掌控了局面。

在做事的过程中，一个人若是有了浮躁的心绪，他就很难冷静地思考，只是急切地希望事情能够成功，以这样焦躁的心理去做事，最后，事情难以成功，往往以失败告终。其实，一个人保持怎样的心境将直接影响到事情最后的效果。所以在做事的时候，须戒骄戒躁，稳住自己的心气，以平和的心境来掌控局面，达到做事成功的目的。

1.切忌心浮气躁

一个人太过于求利心切，会导致其心绪浮躁，于是一些没有经过大脑仔细思考的言行就会不自觉地显现出来，而这将会影响到整件事情的进行。如果在做事的过程中你能够克制自己浮躁的情绪，稳住心气，那么整件事情就已经成功了一大半了。

2.锋芒不宜露

即使自己真的在某些方面有本事、有过人的能力，你也要学会收敛锋芒，戒掉焦躁。所谓“欲取姑予，以退为进”，如果你真的想有所成就，就需要放下自己的焦躁，以平和的心境来对待，如此，方能做事成功。

暂时忍耐一步，不与人争是非对错

成功和财富是成千上万的人的梦想，但是真正实现自己梦想的人则是凤毛麟角。有人说，这是命运和机遇在作怪。事情绝非如此，真正的原因在于，在追求成功的道路上，面对种种艰难险阻，太多的人缺少坚韧的性情，缺乏忍耐精神。他们喜欢幻想，却又意志脆弱。自古以来，人们就推崇大丈夫能屈能伸忍辱负重的精神，反对那种没有城府，遇到一点小事就发脾气使性子的作风。几千年来，人们一直认为，忍耐是理智的选择，是成熟的表现，也是成功的先决条件之一。忍耐，就是要求把眼光放得远一点，为了长远的目标，能够忍耐一时的痛苦，不计较眼下的一些得失。

对于成就大事的人来说，忍辱负重是成就事业必须具备的基本素质。孟子曾经说过："天将降大任于斯人也，必先苦其心志，劳其筋骨，饿其体肤，空乏其身。"宋人苏轼在《留侯论》中说："古之所谓豪杰之士者，必有过人之节。人情有所不能忍者，匹夫见辱，拔剑而起，挺身而斗，此不足为勇也。天下有大勇者，卒然临之而不惊，无故加之而不怒，此其所挟持者甚大，而其志甚远也。"能在各种困境中忍受屈辱是一种能力，而能在忍受屈辱中负重拼搏更是一种本领。小不忍则乱大谋，凡成就大业者莫非如此。古往今来，有很多人的成功都是建立在忍耐的基础之上的，如卧薪尝胆的勾践，受胯下之辱的韩信等等。

越是潜伏的时间久的鸟，就会飞得越高，而越是盛开得早的花儿就越是凋零得快。人生的过程，就是一个忍受磨难、挫折和困难的过程。越是急不可耐，越是苛求成功，就越是会栽跟头。因此，为了成功，我们应该选择忍耐。

有人觉得，忍耐是一种没有骨气的表现，是为五斗米折腰的卑躬屈膝之辈。这样理解就有些偏颇了。毕竟除了一时的尊严之外，我们还有更长远的目标，只要是眼下的折磨不违背整体的道德，只是牺牲一下个人的尊严，我们还是需要选择忍耐。毕竟，一时的容忍不是对命运的屈服，也不是卑躬屈膝，而是对未来的积累和铺垫。

在太多的时候，我们需要放低姿态，匍匐前进。如果我们一直是昂着头走路的话，就难免会有撞得头破血流的一天。故而，为了少一些伤害，我们应该选择一种“主动趴下，匍匐前进”的明智方式。诚然，主动趴下，匍匐前进，从表面上看显得非常不舒服，速度也比较慢，缺乏英雄气概，但是，这样的方式是最快捷、最安全最有成效的一种方式。

东汉光武帝刘秀，在参加起义军的时候，他的哥哥在争权夺位中被刘玄杀害。刘秀悲痛万分，很想为哥哥报仇，但是他自己的力量很单薄，和刘玄硬拼的话只能是以卵击石。于是，他就忍着满腔的悲痛，装作没事儿的样子，诚惶诚恐地向刘玄道歉。刘玄看到他害怕的样子，就放过了他。

刘缜死后，他的手下们都很愤怒，发誓要为他报仇。这些

手下见到刘秀之后，就纷纷表示，要听从刘秀的调遣，为刘縯报仇。刘秀却强忍悲痛，一再引咎自责，也不为兄长发丧，饮食言笑一如平常。为了获得刘玄的信任，他还在刘縯尸骨未寒之际和阴丽华举行了婚礼。刘秀的冷静态度使刘玄感到内疚，为了补偿过失，他封刘秀为破虏大将军，封武信侯。

刘秀以隐忍求全渡过了难关，保全了性命，后来，他抓住了时机，壮大了自己的力量，建立了东汉王朝。他在坐上皇帝之后，就把刘玄给废为庶人，为哥哥报了大仇。

忍耐是动力。谚语云："万事皆因忙中错，好人半自苦中来。"要成就一件事情，须观察时机，等待因缘，急不得的。受苦忍耐是一种承担、一种等候，也是对因缘法的认识。许多事业有成者都在忍耐多次失败后越挫越勇，最后取得成功。与其幻想一夕有成，不如在艰难困苦当中忍耐、涵养，一旦时机成熟，必然水到渠成。刘秀的故事，就是最好的见证。

在生活中，我们经常会遇到一些让人气愤的事情。遇到了这些事情之后，有的人会任性而为，大发脾气，甚至大吵大闹，伸拳动腿，更有甚者还会抹脖子上吊，总之，就是咽不下胸中这一口恶气。结果呢，气倒是出了，坏事也跟着来了。那些理智的人则不会这样做，他们认为这种任性而为的选择是幼稚的，为了泄一时之愤而做出一些出格的事情来，就会影响到人生的整个格局，因此，他们选择了忍耐。在他们选择忍耐的时候，成功也就悄悄地降临在了他们的身上。

人们都说，“忍”字心头一把刀。其实这个刀不是用来伤害自己的尖刀，而是催促自己为了事业前进的利剑。只要是我们运用得当，忍一时之痛，就一定能够等到胜利的那一刻。

做事要有耐心，沟通也不可急躁

在茫茫的草原上，经常会看到这样的场景：一群狼从四面八方向一群鹿冲去，鹿被这突如其来的狼群吓蒙了，就会慌不择路地逃窜。正在这个时候，狼群里面的“剑狼”从斜刺里冲出，来到鹿群之中，对其中一只最健壮的鹿发起攻击，用牙齿不断地去撕咬这只鹿的腿部。鹿被咬伤之后，“剑狼”并没有一鼓作气将其杀死，而是又把其放回鹿群中。

令人感到奇怪的是，当这只鹿遭到狼群的攻击时，它的同伴们只顾着自己逃命，并不想着去施救。这样一来，受伤的鹿失去了同伴的帮助，就陷入了孤立无援的境地之中，随着时间的延长，这只鹿就逐渐失去了体内的血液，也失去了反抗的力气和意志。狼群呢，却在这时候频繁地更换角色，由不同的狼来担任“剑狼”，轮番向这只鹿发动攻击。这样一来，那只可怜的鹿旧伤未除，又添新疤，就这样周而复始地循环着，最后，这只体格健壮、硕大无比的鹿就变得非常虚弱了，不仅无法对狼产生威胁，就连最基本的挣扎能力也

没有了。此时，狼群们就抓住时机，将其毙命，然后再享受这顿鲜美的大餐。

实际上，此时的狼们已经饥肠辘辘了，身上的力气也所剩无几。因为，它们等待鹿出现的这一刻已经等待了很长的时间，再加上轮番的攻击，它们的体力几乎都要透支完了。有些人看到这些情况之后会大惑不解，就问："为什么狼群不直接对这只鹿发动攻击呢？为什么不在第一时间里将其毙命呢？"这是因为，鹿虽然是食草动物，但是它们的体格比较大，腿部也比较健壮，为了自保，它们会用腿去踢那些身材瘦小的狼，如果用力太大，踢得又准，鹿就能一下子将比它小得多的狼给踢翻在地，轻者重伤，重者毙命。狼群绝对不会去冒这个风险，作无谓的牺牲，而是会用耐心来等待最佳的时机。正是因为有了耐心，它们才有了取胜的把握。狼们知道它们谋求的不是一时的小利，而是长远的胜利。为了长远的利益，它们甘心忍耐，等待着自己的机会。这种待时而动的忍耐精神，是值得我们人类学习的。

每一项成功都需要耐心。在追求成功的时候，我们千万不能犯急功近利的毛病，绝不能为了所谓的胜利就盲目地加快步伐，更不能见到一些蝇头小利就忘了大局。同时，在追求成功的时候，如果遇到了一些挫折和问题，应该耐下心来去思考解决问题的方法，绝不能轻易地放弃和退缩。一言以蔽之，我们需要忍耐精神。在困难的时候要咬紧牙关坚持一下，在顺利的

时候要按住内心的骚动平静一下，只有这样，才能够摘取全部的果实，成为最后的赢家。

在这个竞争激烈的社会中，我们每一个人都面临着强大的生存压力，我们的竞争对手无时无刻不存在着，如果我们没有聪慧的大脑和十足的耐心，就无法抓住属于自己的机遇，也会跟不上时代的潮流，甚至会被这个社会所淘汰，成为被吃掉的羊。

我们应该做一个有耐心的人，应该把目光放得长远一些，放眼于美好的未来，绝不能斤斤计较于眼前的得失。在等待的时候，我们可能会面临很多思想和心理上的压力，不过并不要紧，只要我们能够看准目标，屏息以待，就一定能够取得最终的成功。

小李是做广告设计的。大学毕业之后，她带上学历证书四处寻找工作，尽管她得到了许多机会，但是最终都被拒绝了。因为那些公司不愿意招聘一个没有工作经验的大学生。

小李并没有灰心，她找到了达芬奇广告公司求助。达芬奇广告公司考虑到她的作品与广告公司的要求有很大差距，应聘简历也很普通，就让她模拟设计商业作品。小李耐心地把自己的作品和商业作品进行了比较，找出了差距，然后开始学习设计商业作品。很快，小李就掌握了商业作品的设计技巧，并设计出了一些好的作品。

经过一年的时间，小李设计的优秀商业作品越来越多。她想，自己是“出师”的时候了。令小李兴奋的是，达芬奇广告

公司专门为她设计了一张求职海报。她将这张海报和自己的部分设计作品，给12家广告公司发了过去，她没有想到，自己竟然收到了8家公司的面试通知。面试之前，小李又受到了达芬奇广告公司的面试技巧培训，她觉得胜券在握了。

面试的结果出乎意料，6家公司同时录用了她。经过精心的选择，小李进入了杭州久负盛名的广告企业——精锐广告公司，开始了自己的职业生涯。

具有狼性的忍耐就是对人生未来的等待，抓住机遇就等于给了自己一个美好的未来。小李的成功，就是这种狼性忍耐精神的直接体现，也正是这一种耐心让她获得了成功。

无论我们做什么事情，只要有足够的耐心，用超乎常人的毅力来等待自己的机会，就能够获得成功。须知，胜利只垂青于那些有耐心的人，绝不会偏袒那些急躁者。无论我们是想获得高职位还是高薪水，都应该有咬定青山不放松的精神，既要紧盯目标，还要锲而不舍，孜孜以求，付出足够的耐心。唯有如此，我们才能够获得最终的胜利。

静待时机，按部就班进行

孔子曾说：“乱之所生也，则言语以为阶。君不密则失臣，臣不密则失身，几事不密则害成。是以君子慎密而不出也。”有时候，之所以发生混乱，主要是因为做事不慎密。如果君主的言语不慎密，就会失去有才能的臣子；如果臣子的言语不慎密，就会招祸失掉生命；机密的大事不慎密，就会造成灾害。因此，做事一定要慎密，尽量做到万事俱备只欠东风，否则，事后悔恨，为时已晚。俗话说：“小心驶得万年船。”智慧的处理事情的方法是细心、冷静地研究，凡事多想一步，事情的胜算就会多一点。尤其是越是混乱的时候，越需要注意这一点。在做事的时候，需要将一切事情安排妥当，再借机行事，如此才能将事情做好。如果事先未能作好准备，在紧要关头出现了纰漏，那可是“一失足成千古恨”。

现实生活中，很多人在做事情的时候容易犯这样一个错误：在事情开始之前，考虑不周到，到事情发生至中途，才想到需要补救的措施，而这时候，事情的发展已经不受自己控制了。为了避免这样的错误再度发生，我们做事情的时候一定要缜密。

1.缜密思考

在日常生活中，做事是一样的道理，一件事情应该有详细的计划、缜密的思考，如此才能预料到事情发展过程中出现的问题，并及时地想好对策。否则，光凭着冲动与激情，事情只会失败而难以成功。

2.等待时机

所谓“万事俱备，只欠东风”，做好了一切准备工作之

后，你所需要做的就是等待有利的时机，时机一到，大功定会告成。在生活中，有的事情是出乎我们意料之外的，事实上，每一件事情都是有变化的，没有一成不变的事情。这就意味着我们的思绪也要随之变化，我们要灵活处理，事前多准备几个预备方案，如果事情一旦有变，也会有好的安排。当然，要想做一件缜密的事情，还必须得有一个缜密的思维。如果一个人想事情总是那么一根筋，那么他就很难想得周到。

三思而后言，不说没头脑的话

中国有个成语——居安思危，讲的是处在安定的环境中要想到可能产生的危难祸害的情况。人们用“居安思危”这个词来比喻要提高警惕，以防祸患。也就是说，人们如果时刻都有忧患意识，在完成事情过程中不敢有丝毫的懈怠，那么便能达到成功的目的；如果安于享受，抱着今朝有酒今朝醉的态度去生活，那么就有可能真的会招来失败了。因此，聪明的处事者都会有危机意识，懂得未雨绸缪，始终都会为自己想好下一步的路该如何走。

实际上，人活一世，无论做人还是做事，都不可能一蹴而就的，我们一定要做到未雨绸缪，如果平时不注意积累，不注意修身养性，临时抱佛脚是不可能取得良好的效果的。古往今来，

那些成大事者，无论遇到什么事，都能镇定自若，即使是九死一生，也能悠闲自得。这就说明了“闲中不放过，静中不落空”的功用，“临阵磨枪”“临渴掘井”，是不能从容应对的。

我们都知道，未来是无法预测的，虽然你现在春风得意，但你不能保证明天也会如此，就是因为这样，我们才要有一种危机意识，在心理及实际行为上都要有所准备，好应付突如其来的变化。如果没有准备，不要谈应变，光是心理受到的打击就会让你手足无措。有危机意识，或许不能把问题彻底消灭，但可以把损失降低，为自己留得退路。

《伊索寓言》里有一则这样的故事：

有一天，有只狐狸在树林里散步，看到一只野猪在树干上磨他的牙齿，狐狸很好奇，他就问野猪：“你这是忙什么呢？现在猎人和猎狗都没来啊，干吗不休息下呢？”

野猪回答道：“等到猎人和猎狗出现时再来磨牙齿，一切已经来不及了。”

显然，这只野猪就具有危机意识。

那么，一个人应该如何把危机意识落实到具体的日常生活中呢？这可以分成两个方面来谈。

1.作好心理准备

生活中，我们常提到一人的心理素质的好坏，其实，这里的心理素质就是指的心理承受能力。在遇事前，如果我们能作好心理准备，那么就能做到冷静处理、不慌不乱。

2.要在生活中、工作上和人际关系方面有以下的认识和准备

生活中，我们总是在担心，如何才能解决现在经济上的问题？这件事失手了怎么办？万一自己的身体健康出了问题，又该如何办呢?

其实，我们该想到的意外情况，远不止以上列出的几种，担心并没有用，我们要做的不但是要有危机意识，还要做到未雨绸缪，预先作好充分的准备。尤其对于是关乎个人前程与一家人生活的事业，更应该有危机意识，随时把“万一”握在手心里。只要心理有所准备了，你自然就不会太高枕无忧了。

不知你现在所处的状况如何，是忧患呢，还是安乐呢？忧患不足以让人畏惧，倒是安乐才是人生的大敌！

参考文献

[1]德维托. 深度沟通[M]. 吴晓静，译. 北京：北京联合出版有限公司，2019

[2]阿德勒，普罗科特. 沟通的艺术：看入人里，看出人外（插图修订第15版）[M]. 黄索菲，李恩，王敏，译. 北京：北京联合出版有限公司，2017.

[3]宋晓阳. 完美沟通[M].北京：中国友谊出版公司，2020.

[4]成正心.活学活用沟通心理学[M].北京：电子工业出版社，2016.